Rolf Schumann

Direktinvestitionen und ihre Bedeutung für die Internationalisierung und die Integration von Volkswirtschaften

PETER LANG
Europäischer Verlag der Wissenschaften

Die Deutsche Bibliothek - CIP-Einheitsaufnahme

Schumann, Rolf:

Direktinvestitionen und ihre Bedeutung für die Internationalisierung und die Integration von Volkswirtschaften / Rolf Schumann. - Frankfurt am Main ; Berlin ; Bern ; New York ; Paris ; Wien : Lang, 1999
(Europäische Hochschulschriften : Reihe 5, Volks- und Betriebswirtschaft ; Bd. 2392)
Zugl.: Wroclaw (Polen), Univ., Diss., 1998
ISBN 3-631-34005-2

ISSN 0531-7339
ISBN 3-631-34005-2

Direktinvestitionen und ihre Bedeutung
für die Internationalisierung und die Integration
von Volkswirtschaften

Europäische Hochschulschriften

Publications Universitaires Européennes
European University Studies

Reihe V
Volks- und Betriebswirtschaft

Série V Series V
Sciences économiques, gestion d'entreprise
Economics and Management

Bd./Vol. 2392

PETER LANG
Frankfurt am Main · Berlin · Bern · New York · Paris · Wien

Vorwort

Diese Studie wurde im Juni 1998 als Dissertation von der Akademia Ekonomiczna im. Oskara Langego in Wroclaw (Breslau) angenommen. Großen Dank schulde ich dem Promotor des Promotionsverfahrens, Herrn Professor dr hab. Boguslaw Fiedor, der die Entwürfe der einzelnen Kapitel kritisch las und zahlreiche Verbesserungen vorschlug. Danken möchte ich auch den Gutachtern, Herrn Professor dr hab. Jerzy Rymarczyk von der Akademia Ekonomiczna in Breslau und Herrn Professor dr hab. Kazimierz Starzyk vom Institut für Internationale Wirtschaftsbeziehungen der Szkola Glowna Handlowa in Warschau.

Meiner Schwester, Iris Schumann, danke ich dafür, daß sie mich während der Anfertigung der Studie von anderen Pflichten in unserem gemeinsamen Unternehmen entlastete.

Ich widme diese Arbeit meinen Eltern, Helga Schumann und Prof. Dr. Dr. h.c. Jochen Schumann. Mein Vater betreute seit vielen Jahren die Partnerschaft der Wirtschaftswissenschaftlichen Fakultät der Universität Münster mit der Akademia Ekonomiczna in Breslau; ihm verdanke ich den Kontakt zu der polnischen Hochschule.

Türnich, im August 1998. Rolf Schumann

Inhaltsverzeichnis

Abbildungsverzeichnis

Tabellenverzeichnis

EINLEITUNG

Die Weltwirtschaft durchläuft gegenwärtig einen größeren und nachhaltigeren Wandel als jemals zuvor. Stand in der Vergangenheit das Wachstum von entwickelten und weniger entwickelten Nationalstaaten im Vordergrund, so sind es heute die internationalen Wirtschaftsbeziehungen, welche das Bild bestimmen und die sich gewandelt haben.

Der internationale Handel mit Gütern und Dienstleistungen wächst schneller als die Produktion und fördert damit eine noch weitergehende Arbeitsteilung zwischen den Staaten. Vor allem aber betätigen sich Firmen multinational, indem sie als „global players" weltweit oder als kleinere Spezialisten in länderweisen Marktnischen sowohl ihre Produktion als auch ihren Absatz internationalisieren. Das Fundament dieser Entwicklung sind die internationalen Direktinvestitionen, mit denen Produktions- und Absatzkapazitäten in anderen Ländern entweder aufgekauft oder neu geschaffen werden. Die Direktinvestitionen wachsen inzwischen schneller als der internationale Handel und werden auf diese Weise zur Hauptstütze der Internationalisierung.

Die neue Entwicklung wird gefördert durch die Liberalisierung der Weltwirtschaft und fördert diese wiederum selbst. „War Ende der siebziger Jahre erst ein Drittel der Menschheit in das freie Welthandelssystem eingebunden, werden es zur Jahrtausendwende rund neunzig Prozent sein - als Arbeitskräfte und als Verbraucher" (vgl. JESKE 1997, S. 1). Die mit der Liberalisierung verbundene Integration von nationalstaatlichen Volkswirtschaften vollzieht sich in verschiedenen Regionen der Welt in differenzierter Weise und Intensität.

In Europa schließen sich die Nationalstaaten zu einer Europäischen Union mit freiem Güter- und Dienstleistungshandel, mit freier Beweglichkeit von Personen und Geldkapital und einer demnächst einheitlichen Währung zusammen. Auf dem amerikanischen Kontinent entstand die Freihandelszone NAFTA (North American Free Trade Area), die jedoch nicht nur auf freien Handel, sondern auch auf die Liberalisierung von Finanzmärkten und bessere Bedingungen für Direktinvestitionen zielt. In Ostasien ist es die AFTA (Asian Free Trade Area), und im asiatisch-pazifischen Raum ist es die APEC (Asia Pacific Economic Cooperation), die den Freihandel zwischen asiatischen Ländern bzw. die Kooperation zwischen asiatischen und pazifischen Ländern fördern soll. Die regionale Liberalisierung und

Integration in Europa, Amerika und Asien soll nicht nur dem Freihandel zum Sieg über den Protektionismus verhelfen; sie schafft auch die Voraussetzungen für weitere Internationalisierung der Weltwirtschaft.

Diese Arbeit soll die Bedeutung der Direktinvestitionen in einzel- und gesamtwirtschaftlicher Sichtweise für die Internationalisierung und die Integration von nationalstaatlichen Volkswirtschaften darstellen.

In KAPITEL I werden in *einzelwirtschaftlicher Sichtweise* zunächst die Erscheinungsformen, dann die theoretischen Bestimmungsgründe von Direktinvestitionen - und zwar auch unter Einbeziehung von Alternativen zu Direktinvestitionen, wie der Lizenzvergabe - erläutert. Es folgen einzelwirtschaftliche Teilaspekte von Direktinvestitionen, wie horizontale und vertikale Integration von Firmen, die Kostenunterschiede von Direktinvestitionen und deren Alternativen, die Principal-Agent-Aspekte von Lizenzen. Eine erhebliche Bedeutung haben Direktinvestitionen insbesondere unter strategischen Aspekten in Oligopolen, die an den Beispielen COURNOTscher Mengen-Duopole und BERTRANDscher Preis-Duopole analysiert werden. Das Kapitel schließt mit Direktinvestitionen des Auslands zum Überspringen protektionistischer Schranken des Inlands sowie Möglichkeiten zur Reduzierung des Wechselkursrisikos von Direktinvestitionen.

KAPITEL II befaßt sich in *gesamtwirtschaftlicher Sichtweise* mit Direktinvestitionen. Zunächst werden Direktinvestitionen als Aggregatgröße in der Zahlungsbilanz eines Landes sowie ihre Beziehungen zur internationalen Faktormobilität diskutiert. Es erfolgt sodann eine Darstellung des mikroökonomischen, jedoch auf die Gesamtwirtschaft ausgerichteten HECKSCHER-OHLIN-Modells der Außenwirtschaftstheorie, welches Direktinvestitionen nicht enthält, jedoch der Neuen Außenhandelstheorie mit einem HECKSCHER-OHLIN-CHAMBERLIN-Modell einen bemerkenswerten Zugang zu Direktinvestitionen als Internationalisierung von Firmen eröffnet. Nachdem die Rolle von Direktinvestitionen in der Theorie des Produktlebenszyklus erläutert wurde, geht es danach um die vielfältigen gesamtwirtschaftlichen Wirkungen von Direktinvestitionen. Dabei werden insbesondere die Finanzierungs- und die direkten Strukturwirkungen eines Empfängerlandes von Direktinvestitionen diskutiert. Im Zusammenhang damit sind die indirekten Spill-over-Effekte von den durch Direktinvestitionen geschaffenen multinationalen Firmen auf andere Firmen im Empfängerland und damit der gesamte Technologietransfer anzusprechen. Schließlich bleibt die Frage zu behandeln, wie Direktinvestitionen an einem in der Neuen Wachstumstheorie beschriebenen endogenen Wachstum des Empfängerlandes teilhaben können.

KAPITEL III vollzieht eine Wende von theoretischen Überlegungen hin zur *Internationationalisierung und Integration* durch Direktinvestitionen, wie sie empirisch in der *Statistik der internationalen Wirtschaftsbeziehungen* erkennbar wird.

Zunächst geht es bei der *Internationalisierung* um Direktinvestitionen zwischen den Blöcken der weltwirtschaftlichen Triade Europa, Nordamerika und Japan. Am Beispiel der vier „kleinen Tiger" Hongkong, Taiwan, Südkorea und Singapur wird dann gezeigt, daß selbst ein Entwicklungsland Direktinvestitionen nicht nur empfängt, also Gastland multinationaler Firmen ist, sondern selbst in anderen Ländern Direktinvestitionen tätigt und damit seine eigenen Firmen zu multinationalen Unternehmungen macht. Die Internationalisierung ist mithin keine einseitige Angelegenheit, bei der nur Firmen hochentwickelter Länder in wirtschaftlich rückständigeren Ländern tätig werden; sie eröffnet Entwicklungs- und Transformationsländern Möglichkeiten, selbst durch Direktinvestitionen im Ausland am Internationalisierungprozeß teilzuhaben.

Danach soll der Zusammenhang zwischen Direktinvestitionen und der wirtschaftlichen *Integration* von Volkswirtschaften deutlich gemacht werden. Insbesondere wird am Beispiel Europas und Ostasiens dargelegt, daß Integrationsprozesse unterschiedlich vonstatten gehen können. Integration als Abbau von Hemmnissen des internationalen Güter- und Dienstleistungsverkehrs bedeutet *Handelsintegration* in Form von „Gemeinsamen Märkten" oder „Binnenmärkten"; sie wird von der UNCTAD (United Nations Commission of Trade and Development) als „shallow integration" bezeichnet, weil die Handelsbeziehungen nicht notwendigerweise dauerhaft sind. Integration durch Abbau von Hemmnissen für Direktinvestitionen schaffen *Produktionsintegration*; hier handelt es sich um „deep integration", weil die Beziehung zwischen der investierenden Firma und der durch diese Investition in einem anderen Land begründeten Produktionskapazität auf Dauer angelegt ist. In Europa lag der Schwerpunkt bis in die 80-er Jahre auf „shallow integration", und „deep integration" erlangte erst in den 90-er Jahren größere Bedeutung. In Ostasien lag der Schwerpunkt hingegen zunächst stärker auf „deep integration", während erst für die Zukunft ein Aufholen der Handelsintegration zu erwarten ist.

Im SCHLUSSTEIL der Arbeit wird der Inhalt der einzelnen Kapitel in Thesen zusammengefaßt, und es werden pointierend die Vor- und Nachteile von Direktinvestitionen gegenübergestellt.

In einem ANNEX wird schließlich auf die bisherige Bedeutung der Direktinvestitionen für Polen sowie auf zukünftige Chancen der Internationalisierung eingegangen. Grundlage hierfür ist die Statistik der Direktinvestitionen, die Polen als neues Mitgliedsland der OECD (Organisation for Economic Cooperation and Development) zur Verfügung stellt.

Da Polen als Transformationsland zunächst mehr Direktinvestitionen erhalten als selbst im Ausland tätigen wird, soll die Argumentation in den theoretischen Überlegungen regelmäßig so ausgerichtet sein, daß die Direktinvestitionen von einer Firma im Ausland ausgehen und in einer Tochterfirma, Zweigniederlassung oder Beteiligung im Inland getätigt werden. Ein größerer Teil der Literatur sieht hingegen eine Firma des Inlands als Direktinvestor in einer Firma im Ausland; die Argumentation läßt sich jedoch leicht in die hier bevorzugte Terminologie umformulieren.

KAPITEL I: EINZELWIRTSCHAFTLICHE ANALYSE VON DIREKTINVESTITIONEN UND ANDEREN FORMEN DER INTERNATIONALISIERUNG

I.1. Erscheinungsformen von Direktinvestitionen und ihre Abgrenzung von anderen Formen der Internationalisierung

Die langfristigen Kapitalbewegungen zwischen Ausland und Inland werden unterteilt in Portfolioinvestitionen und Direktinvestitionen.

Bei *Portfolioinvestitionen* steht das Ertragsmotiv der ausländischen Investoren im Vordergrund; es geht ihnen beim Erwerb inländischen Vermögens, beispielsweise beim Kauf von Aktien oder festverzinslichen Wertpapieren, allein um eine hohe Rendite.

Bei *Direktinvestitionen* haben die ausländischen Investoren ex definitione das Motiv, Kontrolle über inländische Vermögensgegenstände und damit eine (Mit-) Eigentümer-Position für inländische Vermögensanlagen zu erwerben (vgl. JAHRREIß 1984, S. 25; DIECKHEUER 1992, S. 516 f.). Zudem geht es allerdings auch hier darum, Vermögenserträge zu erzielen.

Dementsprechend sind die wichtigsten Erscheinungsformen ausländischer Direktinvestitionen im Inland folgende Arten von Vermögensanlagen:

- Gründung von *Tochterunternehmungen* oder *Zweigniederlassungen* einer ausländischen Firma im Inland,
- Erwerb von *Beteiligungen* einer ausländischen Firma an inländischen Firmen, durch die ein Einfluß auf deren Geschäftsführung möglich wird; ein solcher Einfluß wird von der Deutschen Bundesbank ab einer Beteiligung von 20 % unterstellt, von der Bank of Japan bereits ab 10 % (vgl. SCHULTZ 1995, S. 30).
- *Erweiterung* von Tochterunternehmungen oder Zweigniederlassungen bzw. *Aufstockung* von Beteiligungen.

I.1.1. Direktinvestitionen und multinationale Unternehmungen

Durch Direktinvestitionen wird eine ausländische Investor-Firma grundsätzlich in mehreren Ländern tätig und damit also zu einer *multinationalen Unternehmung*. Es ist allerdings denkbar, von einer multinationalen

Unternehmung erst dann zu sprechen, wenn eine Beteiligung von 100 % vorliegt (vgl. dazu PFAFFERMAYR 1996, S. 2, Fußnote 1). Auch ein Einfluß auf die Geschäftsführung bei weniger als 100 % Beteiligung kann jedoch als hinreichend angesehen werden. Wir werden daher in den theoretischen Überlegungen unterstellen, daß eine Direktinvestitionen tätigende Firma stets eine multinationale Unternehmung ist. Das bedeutet, daß eine inländische Firma, die durch Direktinvestitionen unter ausländische Beteiligung kommt, selbst ein Teil der ausländischen multinationalen Unternehmung wird.

Direktinvestitionen ausländischer Firmen im Inland begründen mithin multinationale Unternehmungen mit Produktions-, Absatz-, Beschaffungs- und/oder Service-Tätigkeiten in mehreren Ländern (vgl. PFAFFERMAYR 1996, S. 2). Produktion, Absatz, Beschaffung und/oder Service sind international organisiert. National ist hingegen regelmäßig die Zentrale der multinationalen Unternehmung, d.h. die direkt investierende ausländische Unternehmung. Die inländischen Tochterunternehmungen, Zweigniederlassungen oder Beteiligungen der ausländischen Unternehmung mögen zwar formal noch rechtlich und wirtschaftlich selbständig sein, durch die mit Direktinvestitionen geschaffenen Kapitalbeteiligungen sind sie jedoch in allen Fragen der Unternehmenspolitik von der ausländischen Zentrale abhängig (vgl. BROLL 1990, S. 21). Insbesondere zeigt sich diese Abhängigkeit in der Übernahme von Organisationsprinzipien und von Know-how (vgl. PFAFFERMAYR 1996, S. 2).

I.1.2. Direktinvestitionen und andere Varianten der Internationalisierung

Die mit Direktinvestitionen erfolgende Begründung einer multinationalen Unternehmung ist zu unterscheiden von anderen Varianten der Internationalisierung, bei denen keine ausländische Beteiligung vorliegt und die rechtliche und wirtschaftliche Selbständigkeit nicht nur formal, sondern auch inhaltlich erhalten bleibt. Die bekanntesten Varianten, bei denen die Selbständigkeit der kooperierenden Firmen bestehen bleibt, sind *Lizenzen* und *Franchising*.

Bei einer weiteren Variante, dem *Joint Venture*, ist die Zuordnung nicht immer eindeutig. Soweit eine ausländische und eine inländische Firma in einem Joint Venture ein gemeinsames Investitionsprojekt betreiben, ohne daß eine der Firmen das Management dominiert, bleibt die Selbständigkeit erhalten. Dann ist die Investition der ausländischen Firma nicht unter den Begriff der Direktinvestition einzuordnen, so daß das Joint Venture wie der Lizenzvertrag oder das Franchising als eine Kooperation von selbständigen Firmen zu sehen ist. Man nennt diese Art des Joint Venture auch „Contractual Joint Venture" (vgl. ZENTES 1992, S. 4). Verliert hingegen die inländische Firma ihre volle Selbständigkeit - z.B. dadurch, daß beide Firmen eine neue inländische Firma gründen, in der die Zentrale der ausländischen Firma einen erheblichen Einfluß hat -, so ist die Investition der ausländischen Firma als Beteiligung mittels Direktinvestition und das Joint Venture als inländischer Zweig einer multinationalen Unternehmung zu sehen. Man nennt diese zweite Art auch „Equity Joint Venture" (vgl. ZENTES 1992, S. 4). Im folgenden wird in den theoretischen Ausführungen beim Joint Venture eine Zusammenarbeit selbständiger Firmen unterstellt, obgleich in der Praxis oftmals Direktinvestitionen vorliegen (vgl. auch Annex Polen).

Außer den genannten Formen Lizenzen, Franchising und Joint Ventures werden in der Literatur weitere Varianten wie „Management Contracts", „Sub-Contracting", „Product Sharing Contracts" und „Consulting" - als „neue Formen der Internationalisierung" - beschrieben (vgl. BROLL 1990, S. 53 und die dort genannte Literatur). Diese weiteren Varianten werden hier nur erwähnt, jedoch nicht weiter untersucht.

Abb. 1: Direktinvestitionen des Auslands im Vergleich zu Export und anderen Alternativen der Internationalisierung

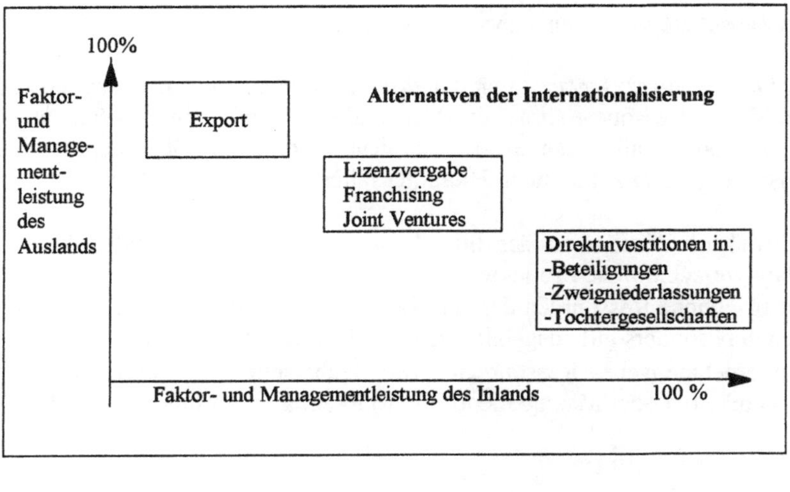

In Abb.1 (von der ein Vorläufer bei MEIßNER/GERBER 1980, S. 224, zu finden ist) wird auf der Ordinate die Faktor- und Managementleistung im Ausland, auf der Abszisse jene im Inland abgetragen, die jeweils 100 % erreichen können. Beim „klassischen" Güterexport vom Ausland ins Inland ist die Faktor- und Managementleistung des Auslands hoch, die des Inlands gering. Bei den Alternativen Lizenzvergabe, Franchising und Joint Ventures sinkt in der Regel die ausländische und steigt die inländische Faktor- und Managementleistung. Bei den Direktinvestitionen des Auslands in Beteiligungen, Zweigniederlassungen oder Tochterunternehmungen im Inland ist die Faktor- und Managementleistung im Ausland am geringsten, im Inland am höchsten, wobei jedoch das Management des Inlands von der Zentrale der multinationalen Unternehmung im Ausland abhängt.

I.1.3. Zielsetzungen bei Direktinvestitionen

Mit der Direktinvestition einer ausländischen Firma in einer inländischen Beteiligung, Zweigniederlassung oder Tochtergesellschaft kann die ausländische Firma einer oder mehrerer der folgenden Zielsetzungen nachgehen (vgl. DUNNING 1994, S. 56 ff.): Sie kann sich verhalten als

(1) „resource seeker"
(2) „market seeker"
(3) „efficiency seeker" oder als
(4) „strategic asset seeker".

Die Zielsetzungen lassen sich wie folgt beschreiben:

(1) Der *resource seeker* tätigt Direktinvestitionen, um an besondere und spezifische Ressourcen im Inland entweder zu geringeren Kosten als im Ausland oder - falls diese im Ausland nicht vorkommen - überhaupt an diese Ressourcen heranzukommen. Hierunter fallen

- physische Ressourcen des Inlands wie Mineralien, Rohmaterialien und landwirtschaftliche Produkte,
- menschliche Ressourcen des Inlands wie billige, unqualifizierte oder aber auch besonders gut ausgebildete, spezialisierte Arbeitskräfte,
- unternehmerische Ressourcen, wie technische und organisatorische Fähigkeiten oder Management- und Marketing-Erfahrung im Inland.

(2) Der *market seeker* führt Direktinvestitionen durch, um Güter oder Dienstleistungen auf Märkten des Inlands oder benachbarter Länder absetzen zu können. Hierzu zählen Direktinvestitionen, die dazu dienen,

- Zolltarife oder andere Importhemmnisse des Inlands zu überwinden,
- die zu produzierenden Güter und Dienstleistungen besser den Besonderheiten des Inlandsmarktes anpassen zu können,
- die Produktions- und Transaktionskosten der zu produzierenden Güter und Dienstleistungen zu senken,
- den Produktlebenszyklus der Produkte zu verlängern,
- die Präsenz der multinationalen ausländischen Unternehmung auf dem Inlandsmarkt gegenüber den anderen Wettbewerbern zu sichern.

(3) Der *efficiency seeker* tätigt Direktinvestitionen, um durch Rationalisierung economies of scale and scope zu erzielen, die sich aus länderweise unterschiedlichen Faktorausstattungen, kulturellen und institutionellen Regelungen sowie aus verschiedenartigen Wirtschaftssystemen und Wirtschaftspolitiken realisieren lassen. Der efficiency seeker, meist ein erfahrenes multinationales Unternehmen, das die Vorteile der internationalen Ressourcen- und Marktnutzung bereits realisiert, setzt nun auf Rationa-lisierung, und zwar vorzugsweise auf regional integrierten Märkten für standardisierte Produkte.

(4) Der *strategic asset seeker* erwirbt mittels Direktinvestitionen Anteile an inländischen Firmen, um langfristige strategische Ziele zu verfolgen, insbesondere um die eigene internationale Wettbewerbsfähigkeit zu fördern oder um die Wettbewerbsfähigkeit von Konkurrenten zu schwächen. Die Möglichkeiten dazu resultieren aus der unvollständigen Konkurrenz auf den Absatz- oder Beschaffungsmärkten. Zum Beispiel könnte es sein, daß mittels der Direktinvestition ein Erwerb von Aktiva einer inländischen Unternehmung betrieben wird mit dem Ziel, gemeinsam einen mächtigen Konkurrenten abzuwehren.

I.2. Einzelwirtschaftliche Theorien von Direktinvestitionen

I.2.1. Ältere Theorien zur Erklärung von Direktinvestitionen

Einzelwirtschaftliche Bestimmungsgründe für Direktinvestitionen werden in der Kapitaltheorie, in der Standorttheorie, in der Industrial-Organization-Theorie und in verschiedenen Ansätzen der neuen Unternehmungstheorie angesprochen (vgl. hierzu JAHRREIß 1984, der eine recht umfassende Darstellung dieser Theorieansätze gibt). Allen diesen Gebieten ist eigen, daß sie Direktinvestitionen partiell erklären und jeweils nur einzelne Aspekte der Direktinvestitionen berücksichtigen. Da die im folgenden Abschnitt zu besprechende eklektische Theorie der Direktinvestitionen von DUNNING die partiellen Erklärungsversuche zusammenfügt und damit eine möglichst vollständige Erklärung der Direktinvestitionen anstrebt, wollen wir hier nur einen kurzen Überblick über die wichtigsten älteren Theorien etwa in zeitlicher Reihenfolge geben:

Monopolistische Theorie von HYMER (1960), weiterentwickelt von KINDLEBERGER (1967 und 1979): Die Theorie geht davon aus, daß Unternehmen, die Direktinvestitionen tätigen, monopolistische Vorteile haben müssen, um die primären Nachteile im Gastland ausgleichen und eine Rendite erzielen zu können. Diese monopolistischen Vorteile bestehen in der Unternehmensgröße, in der höheren Kapitalintensität, im Management-know-how, in der Qualifikation der Mitarbeiter und/oder in der Fähigkeit zur Produktdifferenzierung. Die Argumente dieser Theorie gehen in die „ownership advantages" der im nächsten Abschnitt I.2.2 zu behandelnden eklektischen Theorie von DUNNING ein.

Theorie des Produktlebenszyklus von VERNON (1966): Nach dieser Theorie erfolgen Direktinvestitionen, um bei einem bestimmten Reifegrad eines erfolgreichen Produktes den Produktlebenszyklus zu verlängern. Auf diese Theorie wird in Abschnitt II.3 der gesamtwirtschaftlichen Analyse noch näher eingegangen.

Ressourcenausstattungstheorie von KRAINER (1967): Hiernach ist der Hauptbestimmungsgrund für Direktinvestitionen die Rohstoffversorgung. Das Argument der Rohstoffsicherung war zweifellos vor dem zweiten Weltkrieg von entscheidender Bedeutung (vgl. Abschnitt III.2.1.1), danach jedoch erlangten vielfältige andere Gesichtspunkte Gewicht. Diese Theorie liefert Standortargumente, die als „location advantages" in der eklektischen Theorie berücksichtigt werden.

Theorie der internationalen Zinsdifferenzen von HEIDHUES (1969): Diese Theorie gilt nur sehr beschränkt für Direktinvestitionen, mehr für Portefolio-investitionen.

Behaviouristische Theorie von AHARONI (1966 und 1971): Wegen der Schwierigkeiten bei Entscheidungsprozessen innerhalb großer Unternehmungen und häufig unsystematischer Projektevaluierung bedarf es häufig eines auslösenden Anstoßes, sogenannter „initial forces“ (wie z.B. drohender Marktverlust wegen protektionischer Maßnahmen des Inlands oder zunehmender ausländischer Konkurrenz im Inland) für eine Direktinvestition (vgl. AUTSCHBACH 1997, S. 123).

Theorie des oligopolistischen Parallelverhaltens von KNICKERBOCKER (1973): Diese Theorie, die von der Störung eines oligopolistischen Marktes durch den Ausbruch eines der Oligopolisten mittels Direktinvestitionen ausgeht, hat zwei Ausprägungen:

a) *Oligopolistische Reaktionstheorie* von KNICKERBOCKER (1973):
Auf die Direktinvestition eines ausländischen Oligopolisten reagiert der nächste Oligopolist mit einer Direktinvestition, um seine Position im internationalen Oligopol nicht zu schwächen. Die Direktinvestition des Nachfolgers wird als „follow the leader“- Reaktion gesehen.

b) *Oligopolistische Imitationstheorie* von GRAHAM (1974):
Auf die Direktinvestition eines ausländischen Oligopolisten im Inland folgt die Direktinvestition eines inländischen Oligopolisten in dem betreffenden Ausland als Reaktion. Hier spricht man auch von „cross-investments“.

Beide Theorien erklären jedoch nicht die zuerst getätigte Direktinvestition, sondern nur die Folge-Direktinvestitionen.

Standorttheorie der Direktinvestitionen von TESCH (1980): In dieser Theorie werden die verschiedenen Standortfaktoren klassifiziert (Produktionskosten, Absatz, Investitionsklima usw.) und danach die Standortanforderungen (nach Produkt, Verfahren und Unternehmen) einer geplanten Direktinvestition mit der am Investitionsort gegebenen Standortqualität verglichen. Die sich ergebenden Standortvorteile sind Wettbewerbsvorteile, die sich für das investierende Unternehmen im Zielland ergeben. Während die Wettbewerbsvorteile in der monopolistischen Theorie unternehmensspezifische, eben monopolistische Vorteile gegenüber dem Gastland waren, handelt es sich hier um standortspezifische Vorteile, die im Gastland liegen (vgl. AUTSCHBACH 1997, S.117). Die Argumente der Standorttheorie sind wieder zu finden in den „location advantages“ der im folgenden zu behandelnden Theorie DUNNINGS.

I.2.2. Die eklektische Theorie der Direktinvestitionen von DUNNING

Die zusammenfügende, daher eklektische Theorie der Direktinvestitionen von DUNNING (1981, 1988, 1994) ist insofern besonders bemerkenswert, als sie von vornherein die in Abb.1 erwähnten Alternativen einer ausländischen Firma, auf dem Inlandsmarkt tätig zu werden, mit einbezieht.

Eine ausländische Firma kann die Transaktionen mit dem Inland *extern* abwickeln, mithin

- ein Gut ins Inland exportieren
- oder als Möglichkeit der Internationalisierung die Zusammenarbeit mit einer inländischen Firma wählen, und zwar durch Lizenzvergabe, ein Joint Venture oder eine Franchising-Vereinbarung.

Ferner kann die ausländische Unternehmung die Transaktion mit dem Inland unternehmens*intern* als multinationale Unternehmung abwickeln, also

- Direktinvestitionen zur Errichtung einer einflußreichen Beteiligung, einer Zweigniederlassung oder einer Tochtergesellschaft tätigen.

Hinreichende und notwendige Bedingungen dafür, daß die dritte der genannten Alternativen, also Direktinvestitionen, gewählt werden, sind die von DUNNING im OLI (**O**wnership, **L**ocation, **I**nternalization advantages)-Paradigma formulierten Anforderungen:

(1) *Ownership advantages* (Eigentumsvorteile): Die ausländische Firma verfügt gegenüber inländischen Firmen exklusiv über unternehmensspezifische wettbewerbliche Vorteile in der Verwertung von Eigentumsrechten, so daß ein Tätigwerden im Inland vorteilhaft erscheint. Solche Vorteile können z.B. in technologischem Know-how , in speziellem Design ihrer Produkte, in einer durch erfolgreiches Marketing erreichten besonderen Reputation, in einem effizienten Vertriebsnetz oder im Humankapital der Beschäftigten bestehen (vgl. auch PFAFFERMAYR 1996, S. 5). Eigentumsvorteile verschaffen Marktmacht, bedeuten Markteintrittsschranken für Wettwerber (vgl. BAIN 1956) und implizieren monopolistische oder oligopolistische Marktformen.

Beschränken sich die Vorteile der ausländischen Firma auf Eigentumsvorteile, so kommt außer Direktinvestitionen auch ein Tätigwerden auf dem Inlandsmarkt durch Export, durch Lizenzvergabe, Joint Venture oder Franchising in Frage.

(2) *Location advantages* (Standortvorteile): Das Inland muß über Standortvorteile verfügen, die

- eine Erschließung des inländischen Absatzmarktes und / oder
- eine Produktion mit niedrigeren Kosten als im Ausland

erlauben. Die Erschließung des inländischen Absatzmarktes umfaßt dabei solche Faktoren wie Marktgröße und Nachfrageentwicklung. Die Produktion mit niedrigeren Kosten kann aus geringeren Transportkosten, geringeren Lohnkosten, aus günstigerem Zugang zu Humankapital oder zu Rohstoffen, aus Vorteilen bei der Unternehmensbesteuerung oder bei Subventionen oder aus günstigeren Umweltbestimmungen resultieren.

Kombinieren sich Eigentumsvorteile einer ausländischen Firma mit Standortvorteilen des Inlands, so ist es offenbar nicht sinnvoll, Güter im Ausland zu produzieren und ins Inland zu exportieren. Die ausländische Firma könnte aber - statt Direktinvestitionen durchzuführen - ihre zweierlei Vorteile durch Lizenzvergabe, Joint Venture oder Franchising nutzen.

(3) *Internalization advantages* (Internalisierungsvorteile): Zusätzlich zu den Eigentumsvorteilen in Form unternehmensspezifischer Wettbewerbssvorteile muß die ausländische Unternehmung, damit sie Direktinvestitionen tätigt, den Anreiz haben, ihre Vorteile in einer eigenen Organisation, also unternehmensintern zu nutzen. Nur bei Internalisierungsvorteilen wird die ausländische Firma die Direktinvestition der unternehmungsexternen Lizenzvergabe, einem Joint Venture oder dem Franchising vorziehen.

Die für multinationale Unternehmungen charakteristischen Internalisierungsvorteile lassen sich als Marktversagen bei einer unternehmungsexternen Regelung wie folgt begründen (vgl. PFAFFERMAYR 1996, S. 6 f.):

- Unternehmensspezifische Wettbewerbsvorteile haben die Eigenschaft eines öffentlichen Gutes mit geringen Grenzkosten ihrer Verwertung an mehreren Standorten, so daß unternehmungsexterne Partner nicht bereit sind, einen hinreichend hohen Preis für eine Lizenz, für ein Joint Venture oder ein Franchising zu zahlen.
- Ähnlich kann opportunistisches Verhalten vorliegen; z.B. könnte für die unternehmensspezifischen Vorteile ein zu hoher Preis gefordert und von

den externen Partnern ein zu geringer Preis geboten werden, so daß kein Vertrag über eine Lizenz, ein Joint Venture oder ein Franchising zustande kommt.

- Unternehmensspezifische Wettbewerbsvorteile lassen sich oftmals mit zunehmenden Skalenerträgen produzieren, wie z.B. „Headquarter-Leistungen" einer multinationalen Unternehmung, die einen Vertrag mit externen Partnern vergleichsweise zu teuer machen.
- Auch die Unsicherheit über eine Verwertbarkeit der unternehmungsspezifischen Wettbewerbsvorteile - auch bezüglich der Entwicklung des Wechselkurses - führt bei risikoaversen externen Partnern zur Zurückhaltung und fördert Direktinvestitionen.

Abb. 2: Vorteile bei verschiedenartiger Marktbedienung

Marktbedienung durch	**Art des Vorteils**		
	Eigentumsvorteil	Standortvorteil	Internalisierungsvorteil
Export	+	-	-
externe Verträge: - Lizenzen - Joint Venture - Franchising	+	+	-
Direktinvestition	+	+	+

Nur wenn zusätzlich zu den Eigentums- und Standortvorteilen auch Internalisierungsvorteile wegen Marktversagens bei einer unternehmungsexternen Regelung vorliegen, sind alle notwendigen und hinreichenden Bedingungen für Direktinvestitionen einer ausländischen Firma erfüllt. Abb.2 stellt die Vorteile (+) für eine ausländische Unternehmung dar, die sich bei verschiedenartiger Bedienung des inländischen Marktes ergeben. Ergibt sich kein Vorteil, steht in der Abbildung (-). Abb. 2 wandelt eine Darstellung von PFAFFERMAYR (S.8) ab und korrigiert diese für Standortvorteile bei Exporten, wo - statt + stehen muß.

I.2.3. Die Transaktionskostentheorie der Direktinvestitionen

Es lohnt sich, die eklektische Theorie durch die Transaktionskostentheorie der Direktinvestitionen zu ergänzen, weil diese besonderes Gewicht auf die Internalisierung legt. In der Sprechweise der Transaktionskostentheorie bedeutet dies Eingliederung oder Integration von - in unserem Fall inländischen - Unternehmungen, wodurch auch eine differenzierende Behandlung horizontaler und vertikaler Integration möglich wird.

Die Transaktionskostentheorie, das Kernstück der Neuen Institutionenökonomik, geht auf COASE zurück und wurde insbesondere von WILLIAMSON ausgebaut. Nach COASE (1937) werden nicht alle Transaktionen zwischen Wirtschaftssubjekten über Märkte, sondern ein Teil auch innerhalb dauerhafter Unternehmungen abgewickelt. Weder die Transaktionen über Märkte noch die innerhalb der Hierarchie von Unternehmungen sind kostenfrei. Bei der Frage, ob Märkte oder Unternehmungen zur Abwicklung der Transaktionen genutzt werden, kommt es darauf an, ob die Produktions- einschließlich der Transaktionskosten bei unternehmungsexterner Abwicklung über Märkte oder bei unternehmungsinterner Abwicklung billiger sind. „Eine optimale Substitution von Transaktionen über Märkte durch Transaktionen innerhalb von Unternehmungen ist offenbar dann erreicht, wenn die Grenzkosten unternehmungsinterner Transaktionen auf die Grenzkosten von Transaktionen über Märkte angestiegen sind" (SCHUMANN, 1992, S. 435 f.). Von diesem Punkt ab lassen sich die gesamten Transaktionskosten nicht weiter dadurch senken, daß man Transaktionen von Märkten in Unternehmungen hineinverlegt.

WILLIAMSON (1985) unterscheidet nicht nur *Markt* und *Unternehmung* als Koordinationsinstitutionen, sondern auch *Kooperationen* von Wirtschaftssubjekten. Transaktionskosten sind bei ihm Kosten ausdrücklicher oder stillschweigender *vertraglicher Beziehungen*, welche die Verständigung der an der Transaktion beteiligten Partner regeln. Es gibt *ex-ante Transaktionskosten*, die vor Abschluß eines Vertrages für Anbahnung, Entwurf, Verhandlung und Absicherung der vorgesehenen Vertragsausführung entstehen, und *ex-post Transaktionskosten* für nachträgliche Konkretisierung, Ergänzung oder Anpassung eines zunächst unvollständigen Vertrages (vgl. SCHUMANN 1992, S. 437 f.).

Neben der Häufigkeit und der Unsicherheit von Transaktionen sind bei WILLIAMSON *transaktionsspezifische Aktiva* von Bedeutung, die ihren besonderen Wert in dauerhaften Vertragsbeziehungen zwischen Partnern erhalten. Je höher der Grad der Spezifität solcher Aktiva,

- desto enger die Festlegung der Aktiva auf begrenzte Verwendungsbereiche,
- desto geringer die Möglichkeiten alternativer Verwendungen,
- desto geringer die Opportunitätskosten, d.h. die Kosten der nächstbesten Verwendung,
- desto stärker die Abhängigkeit des Eigentümers der Aktiva vom Vertragspartner,
- desto größer die Gefahr, daß der Vertragspartner in der Verhandlung vor oder nach Vertragsabschluß eine aus der engen Festlegung der Verwertung der Aktiva fließendes Extra-Einkommen in Form einer MARSHALLschen Quasi-Rente auf sich umlenken kann (vgl. SCHUMANN 1992, S. 441).

Wenn sich ein Partner zu einer Investition in spezifische Aktiva entschließt, die er in einer Transaktion mit dem Vertragspartner zu verwenden gedenkt, entsteht aus einer bisher wettbewerblichen Situation in einer *fundamentalen Transformation* (WILLIAMSON 1985, S. 12) ein bilaterales Monopol auf die Zeit des Vertrages. Die Investitionskosten des investierenden Partners sind dann „versunkene Kosten", d.h. sie wären verloren, wenn die Vertragsbeziehung vorzeitig gelöst würde. Der investierende Partner ist dann auf die Vertragstreue seines Transaktionspartners angewiesen, der ihm seine Quasi-Rente ganz oder teilweise abnehmen könnte. Gegen eine solche *Beraubung* (hold up) könnte er sich bei Vertragsabschluß durch *glaubhafte Bindungen* (credible commitments) des Transaktionspartners absichern.

Es kommt neben der Häufigkeit und der Unsicherheit sehr stark auf die Transaktionsspezifität an, die im Interesse geringer Produktions- und Transaktionskosten zu wählen ist. Sind die Transaktionen unspezifisch, bedürfen also keiner Investition mit den soeben beschriebenen Folgen, so können sie über Märkte abgewickelt werden, die denen in der neoklassischen Theorie entsprechen. Lassen sich die Transaktionen am kostengünstigsten mit einem mittleren Spezifitätsgrad und den entsprechenden Investitionen bewältigen, kommt eine dauerhafte Kooperation der Transaktionspartner in Frage, also ebenfalls noch unternehmensexterne Kooperation, wobei aber die soeben beschriebenen Folgen aktuell werden.

Sind für die Transaktionen vollkommen spezifische Aktiva und die entsprechenden Investitionen erforderlich, so kann es sich als am produktions- und transaktionskostengünstigsten erweisen, daß die Vertragspartner ihre Unternehmungen integrieren, um die Transaktionen dann unternehmensintern abzuwickeln (vgl. die ausführliche Darstellung bei SCHUMANN 1992, S. 453).

Die geschilderten Grundzüge der Theorien von COASE und WILLIAMSON wurden u.a. von HENNART (1991) auf die Theorie der multinationalen Unternehmung angewendet. Durch Direktinvestitionen beteiligt sich eine ausländische Firma an einer inländischen Firma; sie wird damit zur multinationalen Unternehmung, welche die inländische Firma integriert hat, um die Transaktionen mit ihr unternehmensintern abzuwickeln. Die Transaktionskostentheorie muß jedoch begründen, unter welchen Bedingungen die ausländische Firma die inländische Firma integriert statt mit ihr einen Vertrag über eine Lizenz, ein Joint Venture oder ein Franchising abzuschließen. Es könnte an den notwendigen transaktionsspezifischen Investitionen mit ihren Folgen einer fundamentalen Transformation, eines bilateralen Monopols auf Zeit, „versunkenen Kosten" der Investition und der Verletzlichkeit der Quasi-Rente des Investors liegen, daß kein Lizenz-, kein Joint Venture- und kein Franchising-Vertrag zustande kommt, sondern eine Direktinvestition mit Integration der inländischen Firma.

Während in der eklektischen Theorie von DUNNING Eigentums-, Standort- und Internalisierungsvorteile (OLI) unterschieden werden, geht die Transaktionskostentheorie nach HENNART (1991) von der Unterscheidung von „strukturellen Marktunvollkommenheiten" und „natürlichen Marktunvollkommenheiten" aus.

Strukturelle Marktunvollkommenheiten entstehen aus den DUNNINGschen Eigentumsvorteilen. Sie schaffen exklusive Wettbewerbsvorteile, wie z.B. in technologischem Know-how oder im Vertriebsnetz, bedeuten Markteintrittsschranken für Wettbewerber und implizieren monopolistische oder oligopolistische Marktformen. Während sie bei DUNNING eine notwendige Voraussetzung für Direktinvestitionen sind, können sie, aber müssen sie nach der Transaktionskostentheorie nicht Auslöser von Direktinvestitionen sein. Strukturelle Marktunvollkommenheiten aus monopolistischen oder oligopolistischen Marktformen und Wettbewerbsvorteile einer ausländischen Firma lassen sich grundsätzlich auch durch Export von Gütern ins Inland oder durch Lizenzvergabe, Joint Venture oder Franchising nutzen. Kommt es dennoch zu Direktinvestitionen, so sind diese nach der Transaktionskostentheorie als strategische Maßnahmen der ausländischen Firma zur Errichtung einer multinationalen Unternehmung mit hierarchischer

Organisation zu deuten. Sie lassen einen Effizienzgewinn mittels Transaktionskostenersparnis durch andere internationale Koordinationsformen nicht entstehen. Die multinationale Unternehmung hat vielmehr den Zweck, ihren exklusiven Wettbewerbsvorteil außer im Ausland auch im Inland zu nutzen.

Mit *natürlichen Marktunvollkommenheiten* sind solche gemeint, die nicht auf monopolistische oder oligopolistische Marktformen, sondern nur auf „Verletzung der Annahme der vollständigen Information und des perfekt funktionierenden Preismechanismus des neoklassischen Konkurrenzmodells zurückzuführen sind“ (PFAFFERMAYR 1996, S. 13). Die natürlichen Marktunvollkommenheiten waren schon von COASE für alle Markttransaktionen angesprochen worden, die Transaktionskosten entstehen lassen; zu ihnen gehören Informationsdefizite und Informationsasymmetrien. Es kann sein, daß in einer hierarchischen Organisation auch über Ländergrenzen hinweg in einer multinationalen Unternehmung die dann entstehenden Transaktionskosten geringer sind als die für Transaktionen über Märkte.

Die Vertreter der Transaktionskostentheorie der Direktinvestitionen betonen, daß natürliche Marktunvollkommenheiten der marktlichen Koordination und damit die geringeren Transaktionskosten hierarchischer Koordination für Direktinvestitionen und das damit verbundene Entstehen von multinationalen Unternehmungen verantwortlich sein können. In diesem Falle sind Direktinvestitionen und multinationale Unternehmungen also nicht die Folge monopolistischer oder oligopolistischer wettbewerblicher Vorteile, sondern durch *Transaktionskostenvorteile* bedingt, die ein *Marktversagen* infolge jener natürlichen Marktunvollkommenheiten *vermeiden*.

HENNART (1991, S.85 - 96) gibt für solche Direktinvestitionen ausländischer Firmen und die mit ihnen verbundene Integration eine Tabellenübersicht, die daran anknüpft, ob die Integration einer inländische Firma die gleiche Produktionsstufe (horizontale Integration), eine vorgelagerte Produktionsstufe (vertikale Rückwärtsintegration) oder eine nachgelagerte Produktionsstufe (vertikale Vorwärtsintegration) betrifft. In Abb. 3 wird abgewandelt eine Darstellung nach PFAFFERMAYR (1996, S. 18) übernommen.

Das integrationsverursachende Marktversagen, welches die Direktinvestition und die Integration der inländischen durch die ausländische Firma bewirkt, ist hier stets als die Aussage zu verstehen, daß die Transaktionskosten einer Marktlösung wie

- Export von Gütern der gleichen Produktionsstufe, von Gütern an nachgelagerte Produktionsstufen oder Import von Vorprodukten
- oder langfristige Verträge wie Lizenz, Joint Venture oder Franchising (mit den dafür erforderlichen spezifischen Investitionen)

jeweils höher wären.

Abb. 3: Direktinvestitionen und Marktversagen

Art der Direktinvestition	**integrationsverursachendes Marktversagen in Zusammenhang mit**
Horizontale Integration • von F & E - intensiven Unternehmen • von Unternehmungen mit hohen Werbe- oder Qualitätskosten • zur Vermeidung von Wechselkurs- und anderen Risiken	• technologischem oder Management-Know-how • Reputation oder Humankapital zur Erhaltung von Qualitätsstandards • Risiken zukünftiger Devisenmärkte oder politische Risiken
Vertikale Vorwärtsintegration „downstream" • im Zusammenbau und Montage • • im Vertriebsnetz • im Service	• economies of scale and scope auch zwischen Produktionsstufen • bessere Qualitätsüberwachung • bessere Mitarbeitermotivation
Vertikale Rückwärtsintegration „upstream" • in Rohstoffe • in Zwischenprodukte (Vorprodukte)	• Sicherheit der Rohstoffversorgung • Qualitätsüberwachung von Zwischenprodukten

Es gibt nach der Transaktionskostentheorie also zum einen Direktinvestitionen, die ihre Ursache in „strukturellen Marktunvollkommenheiten" haben, die also strategisch zu deuten sind und monopolistische oder oligopolistische Marktstrukturen vom Ausland auch ins Inland ausdehnen.

Solche Direktinvestitionen können, da sie höhere Gewinne für die multinationale Unternehmung, jedoch Nachteile für die inländischen Wirtschaftssubjekte bedeuten, mit Wohlfahrtsverlusten des Inlands verbunden sein.

Ihr Hauptaugenmerk richtet die Transaktionskostentheorie jedoch auf Direktinvestitionen, bei denen „natürliche Marktunvollkommenheiten“ ein grenzüberschreitendes Marktversagen zur Folge haben und die aus Transaktionskostenersparnissen die Integration inländischer in ausländische Firmen bewirken. Solche Direktinvestitionen sind - soweit sie frei von monopolistischen oder oligopolistischen Strategien bleiben - mit Wohlfahrtsgewinnen für das Inland verbunden. Mit ihrer Unterscheidung von horizontaler und vertikaler Integration und der Aufzählung der zahlreichen Arten des Marktversagens, deren Überwindung die Direktinvestitionen dienen, ist die Transaktionskostentheorie viel geeigneter als andere Theorien, die Vielfältigkeit der Direktinvestitionen systematisch aufzufächern und zu erklären.

I.3. Anwendungen und Teilaspekte der einzelwirtschaftlichen Theorien der Direktinvestitionen

I.3.1. Horizontale und vertikale Integration mittels Direktinvestitionen

Im vorigen Abschnitt wurde dargelegt, daß Direktinvestitionen, weil marktwirtschaftliche Organisation aufgrund zu hoher Transaktionskosten versagt, im Rahmen einer grenzüberschreitenden multinationalen hierarchischen Organisation stattfinden, die durch horizentale oder vertikale Integration von ökonomischen Aktivitäten entstehen. In diesem Abschnitt sollen die Konzeptionen der horizontalen und vertikalen Integration erläutert werden (vgl. BROLL 1990, S. 38 ff.).

Die folgenden Überlegungen sind Beispiele aus der herkömmlichen Markt- und Preistheorie. Sie haben den Vorteil, einfach und übersichtlich zu sein, allerdings den Nachteil, nicht explizite die jeweiligen Transaktionskosten bei externen vertraglichen Regelungen und bei Integration einzubeziehen. Was die Transaktionskostentheorie der Direktinvestitionen zum zentralen Gegenstand machte, wird hier also noch vernachlässigt, doch kann gezeigt werden, daß auch die ältere Theorie unter einfachen Voraussetzungen Integration - auch länderübergreifende Integration - als eine Möglichkeit empfehlen kann.

I.3.1.1. Horizontale Integration

Ein homogenes Gut werde im Inland und im Ausland jeweils von einem Monopolisten angeboten. In Abb. 4 sind in den beiden linken Diagrammen für beide Länder die Nachfrage-Geraden D und D*, die dazugehörigen Grenzerlös-Geraden MR und MR* sowie die Grenzkosten-Geraden MC und MC* angegeben, ferner im rechten Diagramm die aus der Horizontaladdition resultierenden, stückweise als Geraden verlaufenden Funktionen des gemeinsamen Grenzerlöses MR^g und der gemeinsamen Grenzkosten MC^g.

Will jeder der beiden Monopolisten seinen Gewinn nach der Regel „Grenzerlös = Grenzkosten“ maximieren, so wählt jeder die Preis-Mengen-Kombination (A bzw. A*), die sich aus dem Schnittpunkt der jeweiligen Grenzerlös- und Grenzkosten-Geraden ergibt. Ist die Preisdifferenz des ausländischen zum inländischen Preis höher als die Transportkosten, der Zoll oder andere Handelshemmnisse, so würde es sich für die inländische Firma lohnen, einen Teil ihrer Produktion in das Ausland zu exportieren. Da die Grenzkosten des Inlands MC bei A höher sind als die des Auslands MC* bei A*, würde sich aber auch eine Produktionsverlagerung ins Ausland lohnen. Es besteht damit der Anreiz, die bisherige Situation zu ändern; es ist also noch kein Gleichgewicht erreicht.

Abb. 4: Absatzmenge bei horizontaler Integration

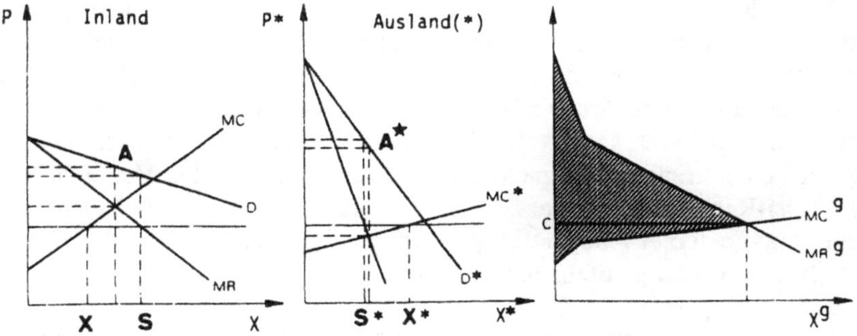

Eine Möglichkeit besteht darin, daß andere Agenten als die beiden Monopolisten aus den Preis- und den Kostenunterschieden als *Händler* oder *Arbitrageure* Gewinne erzielen.

Eine weitere Möglichkeit ist, daß die beiden Monopolisten ihren *gemeinsamen Gewinn* $G^g = G + G^*$ maximieren. Das bedeutet, im rechten Diagramm - in dem der Grenzerlös und die Grenzkosten im Inland und Ausland jeweils horizontal addiert sind - nach der Regel „gemeinsamer Grenzerlös MR^g = gemeinsame Grenzkosten MC^g“ die gemeinsame Menge x^g zu wählen, bei der ein maximaler Gewinn in der Größe der schraffierten Fläche entsteht. Die gemeinsame Menge x^g läßt sich gemäß den Grenzkostengeraden MC bzw. MC* auf die Produktionsmengen X des Inlands und X* des Auslands aufteilen. Ferner läßt sich die gemeinsame Menge x^g gemäß den Grenzerlösgeraden MR bzw. MR* auf die Nachfragemenge S des Inlands und S* des Auslands aufteilen; daraus ergibt sich gemäß den Nachfragegeraden D bzw. D* die Preissetzung im Inland und Ausland. Das Inland importiert die Menge S - X; das Ausland exportiert die Menge X* - S*; beide Größen sind selbstverständlich gleich. Die gemeinsame Gewinnmaximierung könnte gesichert werden

- durch einen Joint-Venture-ähnlichen Vertrag, der vorsieht, daß Inlands- und Auslandspreis sowie die Export-Importmenge eingehalten werden,
- durch eine horizontale Integration beider Monopolisten zu einer multinationalen Unternehmung, die dann die Export-Importmenge des Gutes als Intra-Firmen-Außenhandel abwickelt.

Das Beispiel macht klar, daß horizontale Integration nur eine der Möglichkeiten in der Situation eines noch nicht erreichten Gleichgewichts ist. Vor allem bieten sich außer der Integration externe Verträge (ähnlich einem Joint Venture oder anderen Varianten der Internationalisierung) an, mit denen die rechtliche und wirtschaftliche Selbständigkeit beider Unternehmungen erhalten bleibt. Diese externen Regelungen haben allerdings die von WILLIAMSON beschriebene Problematik der „versunkenen Kosten“ einer transaktionsspezifischen Investition und der Verletzlichkeit der Quasi-Rente des Investors. Das Beispiel schildert also Möglichkeiten interner und externer Kooperation, erlaubt es aber nicht, Vor- und Nachteile einer Internalisierung aufzuzeigen.

Zusätzlich bleibt anzumerken, daß aus horizontaler Integration nicht nur die gemeinsame Gewinnmaximierung mit den erläuterten Ergebnissen resultieren kann. Vielmehr liegt auch die Bildung eines *multinationalen Kartells* nahe, das als Monopolist nicht nur einen gemeinsamen - oder auch differenzierten - Preis festlegt, sondern auch die länderweise Verteilung der Produktion nach dem Gesichtspunkt der Kostenminimierung neu regelt (vgl. SCHUMANN 1992, S. 357 f.).

I.3.1.2. Vertikale Integration

Als Beispiel wird hier die Möglichkeit einer vertikalen Rückwärtsintegration („upstream") gewählt. Eine ausländische Firma bietet das von ihr bereitgestellte Gut unter den Bedingungen vollständiger Konkurrenz zu einem gegebenen Preis p_y an. Sie produziert dieses Gut mit einem einzigen Faktor x, einem Rohstoff oder einem Zwischenprodukt, den sie als *Nachfragemonopolist* oder *Monopsonist* , also als alleiniger Nachfrager, im Inland von einer Firma bezieht. Für die ausländische Firma gilt als Produktionsfunktion $y = ax^{0,5}$, wobei a eine positive Konstante ist. Für den Faktor x gilt die Preis-Beschaffungsfunktion $p_x = k + lx$, wobei k und l positive Konstanten sind. Je mehr die ausländische Firma von der inländischen Firma vom Faktor x kaufen will, desto höher ist der Preis p_x, den sie an die inländische Firma zu bezahlen hat. Alle Preise und monetären Größen sind in ausländischer Währung ausgedrückt. Es ist zu prüfen, unter welchen Bedingungen die ausländische Firma entweder ihre Position als Monopsonist beibehält oder die inländische Firma vertikal integriert, damit also durch Direktinvestition eine multinationale Firma entsteht.

Der Gewinn G_E des ausländischen Monopsonisten, der den Faktor x extern von der inländischen Firma bezieht, ist definiert als Differenz zwischen dem Wert des Produktes des Faktors, W(x), und den Ausgaben für den Faktor, A(x) (vgl. dazu SCHUMANN 1992, S. 299):

$$G_E = W_E(x) - A_E(x) = p_y y - p_x x = p_y\, ax^{0,5} - (k + lx)x.$$

Seinen maximalen Gewinn erreicht der Monopsonist bei einem Grenzgewinn von 0, also bei der Faktormenge, wo der Wert des Grenzproduktes des Faktors, $W_E'(x)$, gleich den Grenzausgaben für den Faktor, $A_E'(x)$, ist:

$$G_E' = W_E'(x) - A_E'(x) = \frac{0{,}5p_y a}{x^{0,5}} - (k + 2x) = 0$$

oder:

$$W_E'(x) = A_E'(x) \quad \text{oder} \quad \frac{0{,}5p_y a}{x^{0,5}} = (k + 2x).$$

In Abb. 5 ist $W_E'(x)$ als fallende Kurve, $A_E'(x)$ als steigende Gerade eingetragen; der Schittpunkt von $W_E'(x)$ und $A_E'(x)$ ergibt die gewinnmaximierende Faktormenge x_E^*.

Integriert die ausländische Firma durch Direktinvestition die inländische Firma, so ändert sich auf ihrer Absatzseite nichts; sie bietet das Produkt y weiterhin zu einem gegebenen Preis p_y an. Statt den Faktor x gemäß einer Preis-Beschaffungsfunktion von der inländischen Firma zu kaufen, muß die multinationale Firma nun die Kosten ihrer inländischen Tochterunternehmung, Zweigniederlassung oder Beteiligung bei der Bereitstellung des Faktor x in Rechnung stellen.

Der Gewinn der multinationalen Firma, die ihren Faktor x intern gemäß einer Ausgabenfunktion $A_I(x) = m + nx^2$ erzeugt, ist:

$$G_I = W_I(x) - A_I(x) = p_y\, ax^{0,5} - (m + nx^2).$$

Den maximalen Gewinn erreicht die multinationale Firma mit einem Grenzgewinn von 0 bei jener Faktormenge, wo der Wert des Faktor-Grenzproduktes $W_I'(x)$ gleich ist den Faktorgrenzausgaben $A_I'(x)$:

$$G_I' = W_I'(x) - A_I'(x) = \frac{0{,}5p_y a}{x^{0,5}} - 2nx = 0$$

oder:

$$W_I'(x) = A_I'(x) \quad \text{oder} \quad \frac{0{,}5p_y a}{x^{0,5}} = 2nx$$

In Abb. 5 ist $W_I'(x)$ wieder als die fallende Kurve, $A_I'(x)$ als steigende Gerade eingetragen; ihr Schnittpunkt ergibt die gewinnmaximiernde Faktormenge x_I^*. Diese Faktormenge ist in unserem Beispiel größer als die Faktormenge x_E^*; die Integration impliziert also höhere Beschäftigung des inländischen Teils der Firma und höheren Intra-Firmen-Export des Inlands.

Da die multinationale Firma eine größere Menge des Gutes y zum konstanten Preis p_y verkauft und die dafür notwendige Faktormenge x_I^* günstiger aus dem Inland bezieht, ist die vertikale Integration aus dieser Sicht für sie vorteilhaft. Allerdings sind auch die Kosten der Direktinvestition, die mit der Übernahme der inländischen Firma anfallen, zu berücksichtigen. So könnten etwa die Zinsen, die zur Finanzierung der

Übernahme pro Periode zu zahlen sind, als faktormengen-unabhängige Fixkosten in der Ausgabenfunktion $A_I(x)$ der multinationalen Firma angesetzt werden. Bei der Bildung der Grenzausgaben $A_I'(x)$ fallen die Fixkosten jedoch heraus, beeinflussen also das Ergebnis der Überlegung nicht.

Abb. 5: Faktormenge mit und ohne vertikale Integration

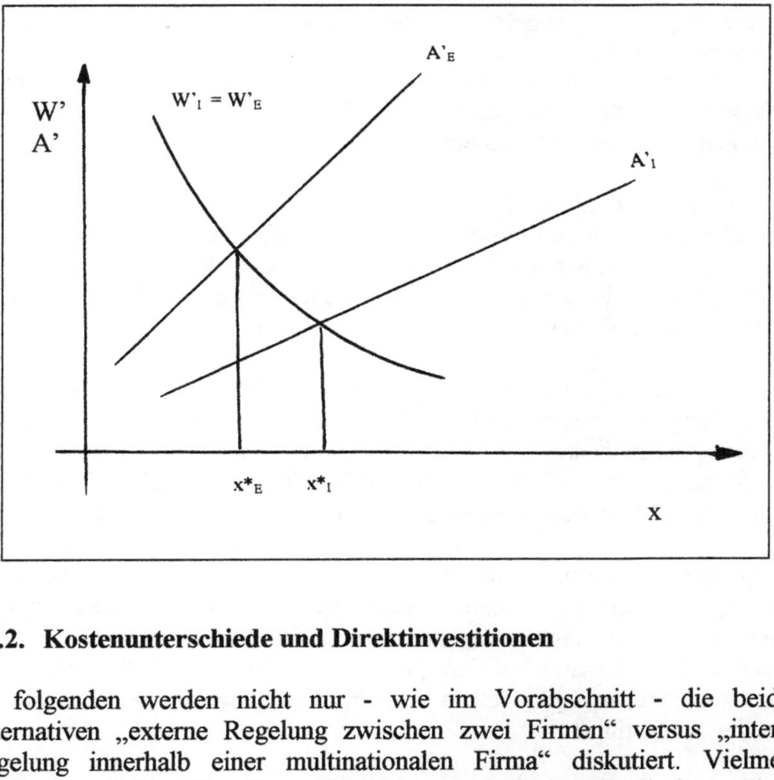

I.3.2. Kostenunterschiede und Direktinvestitionen

Im folgenden werden nicht nur - wie im Vorabschnitt - die beiden Alternativen „externe Regelung zwischen zwei Firmen" versus „interne Regelung innerhalb einer multinationalen Firma" diskutiert. Vielmehr werden explizite die Kostenunterschiede einer ausländischen Firma angesprochen, die ihre Transaktionen mit dem Inland

- entweder extern durch Export oder
- extern durch Zusammenarbeit mit einer inländischen Firma oder
- intern als multinationale Firma mit Direktinvestitionen in diesem Land

durchführt. Die Zusammenarbeit mit einer inländischen Firma wird dabei beispielhaft als Lizenzvergabe interpretiert; ebenso könnte auch eine Joint-Venture-, eine Franchising-Vereinbarung oder eine andere Form der Internationalisierung unterstellt werden.

Als Kostenfunktion K(y) der ausländischen Firma für die drei Alternativen „Export", „Lizenz" und „Direktinvestition" sind die in Abb. 6 dargestellten Geraden angenommen (vgl. BROLL 1990, S.46 ff.).

Für die Variante „Export" sind die Fixkosten, repräsentiert durch den Ordinatenabschnitt, am geringsten; die mit der Steigung der Geraden als konstant unterstellten Grenzkosten sind am höchsten. Die Grenzkosten umfassen auch die Transportkosten und die Zölle des Inlands für jede zusätzlich exportierte Mengeneinheit.

Für die Variante „Lizenz" fallen höhere Fixkosten an; diese betreffen beispielsweise Transaktionskosten für Anbahnung und Abschluß des Lizenzvertrages sowie die pro Periode zu zahlende Lizenzgebühr. Die Grenzkosten für die Lizenzproduktion im Inland sind hingegen geringer als für die Variante „Export".

Für die Variante „Direktinvestition" sind die Fixkosten, z.B. für Markterschließung und Vertriebsnetz im Inland, noch höher als bei den beiden anderen Alternativen. Die nunmehr multinationale Firma hat für die Produktion in ihrer Tochter- oder Zweigfirma im Inland jedoch die geringsten Grenzkosten, denn es fallen keine Transportkosten oder Zölle an.

Sollen die gewinnmaximierenden Absatzmengen der Firma bestimmt werden, so ist die Erlösituation einzubeziehen. Steht die Firma - wie in einem Angebotsmonopol oder bei monopolistischer Konkurrenz - einer fallenden Preis-Absatz-Funktion gegenüber, hier dargestellt durch eine fallende Gerade, so ergibt sich dazu die in Abb. 7 abgebildete Erlösfunktion. Das Gewinnmaximum ist

- für Exporte bei der Mengen-Preis-Kombination (y_{Ex}*, p_{Ex}*),
- für Lizenz bei (y*$_{Liz}$, p_{Liz}*) und
- für Direktinvestitionen bei (y_{DI}*, p_{DI}*)

erreicht. Denn bei den entsprechenden Absatzmengen ist jeweils der vertikale Abstand zwischen Erlöskurve und Kostengerade, also der Gewinn, am größten. Bei diesen Mengen ist jeweils die Steigung der Erlösfunktion gleich der Steigung der Kostengeraden, d.h. es gilt die Bedingung für ein Gewinnmaximum „Grenzerlös = Grenzkosten".

Abb. 6: Kostenfunktionen für alternative Versorgung des Marktes

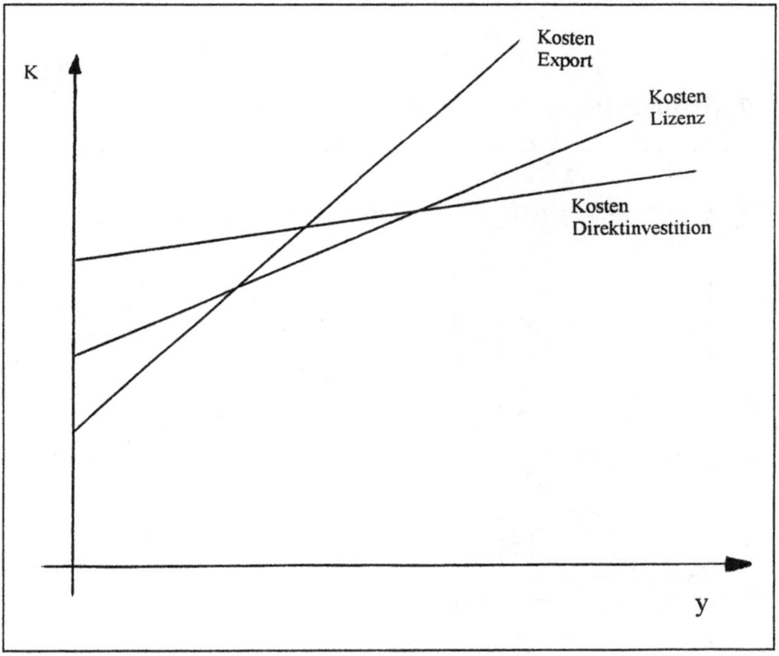

Im dargestellten Beispiel gilt $G_{DI}^* > G_{Liz}^* > G_{Ex}^*$. Es lohnt sich also für die ausländische Firma, mittels Direktinvestitionen eine integrierte multinationale Firma anzustreben und die Menge y_{DI}^* zum Preis p_{DI}^* zu verkaufen. Die Reihenfolge der gewinnmaximierenden Absatzmengen hängt nach Abb. 7 von der Steigung der Kostengeraden und damit von den Grenzkosten der drei Alternativen ab. Sind die Grenzkosten bei Direktinvestitionen geringer als bei den anderen Alternativen, so erweisen sich aus der Sicht des Auslands die Direktinvestitionen und damit die multinationale Unternehmung am günstigsten.

Es könnte der Eindruck entstehen, als sei y_{DI}^* auch aus der Sicht des Inlands am günstigsten, da die Absatzmengen der beiden anderen Alternativen übertroffen werden. Tatsächlich partizipiert ja das Inland auch an dem Preis

p_{DI}*, der niedriger als die Preise der beiden Alternativen ist. Allerdings ist nicht zu vergessen, daß die obige Analyse aus der Sicht des Auslands durchgeführt wurde. Es wurde nichts darüber gesagt, inwieweit das Inland an der Bereitstellung des Gutes beteiligt ist. Bei der Alternative „Export" wird im Ausland produziert, im Inland gibt es also keine Faktor- und Management-Leistungen und keine Einkommen aus der Produktion des Gutes.

Abb. 7: Gewinnmaxima für alternative Versorgung des Marktes

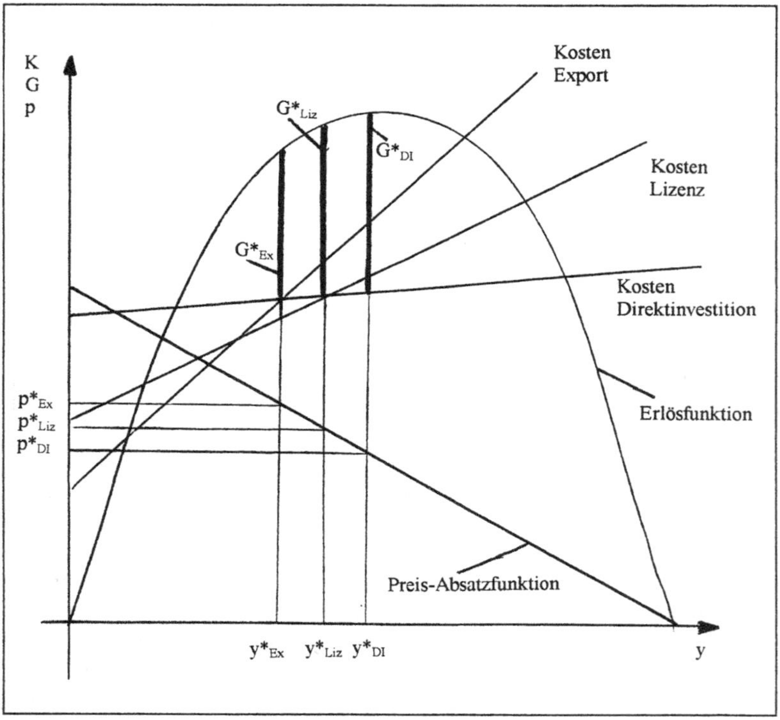

Bei der Alternative „Lizenz" wird das Gut hingegen ganz oder teilweise im Inland hergestellt (vgl. Abb. 1). Es könnte sein, daß bei starker Beteiligung des Inlands an der Produktion die Grenzkosten im Ausland gering sind und damit die Steigung der Kostengeraden bei der Alternative „Lizenz" geringer ist als die bei der Alternative „Direktinvestition". Sowohl aus der Sicht des Auslands als auch aus der Sicht der Faktor- und Managementleistung und des Einkommens für das Inland könnte sich damit die Alternative „Lizenz“ günstiger als „Direktinvestition“ erweisen.

I.3.3. Lizenzverträge als Alternative zu Direktinvestitionen

Es lohnt sich, die Lizenzverträge als Prototyp der neuen Form der Internationalisierung noch einmal als Alternative zu Direktinvestitionen zu betrachten. Wenn das bisher als Inland bezeichnete Land Entwicklungs- oder Transformationsland ist, entsteht durch die Beteiligung multinationaler Firmen, die ihren Hauptsitz im Ausland haben, durch Direktinvestitionen ein vermeintlicher oder auch tatsächlicher politischer und wirtschaftlicher Autonomieverlust. Mit den Direkt-investitionen transferieren die multinationalen Firmen „ein sehr komplexes Bündel an unternehmensspezifischen Fähigkeiten an das kapital-empfangende Land, wie Real- und Finanzkapital, Managementfähigkeiten, technisches Wissen usw.“ (BROLL 1990, S. 55). Mit den neuen Formen der Internationalisierung wird hingegen versucht, einzelne Bestandteile dieses Ressourcen-Bündels über Märkte, durch vertragliche Vereinbarungen wie den Lizenzvertrag, zu beziehen. „So wird z.B. versucht, technisches Know how der Industrieländer über Lizenzverträge verfügbar zu machen; Unternehmensanlagen werden über Verträge mit Anlagebauern aus den Industrieländern errichtet, das internationale Marketing wird durch Abkommen mit spezialisierten Vertriebsunternehmen durchgeführt und Finanzkapital wird durch internationale Bankengeschäfte gewonnen“ (BROLL 1990, S.55). Ziel der Entwicklungs- und Transformationsländer ist es, mit den vertraglichen Vereinbarungen nur die für das Inland wesentlichen Ressourcen von der ausländischen Firma zu erhalten, die für die Produktion ansonsten erforderlichen Faktor- und Managementleistungen jedoch im Inland zu erbringen. Damit wird der inländische Autonomieverlust minimiert, und das Management- und Faktoreinkommen entsteht so weit als möglich im Inland.

Außerdem haben Lizenzverträge den Vorteil,

- im Gegensatz zu den auf lange Fristen durchgeführten Direktinvestitionen auch auf einen kürzeren Zeitraum geschlossen werden zu können,
- die im Vergleich zu ausländischen Direktinvestoren bessere Kenntnis des inländischen Vertragspartners über inländische Beschaffungs- und Absatzmärkte sowie über wirtschaftliche Institutionen nutzen zu können.

Dem Vorteil der Lizenzverträge stehen jedoch im Vergleich zu den Direktinvestitionen auch erhebliche Nachteile gegenüber. Der wichtigste Nachteil besteht darin, daß Lizenzverträge der ausländischen Firma viel weniger direkte Kontrolle gestatten als Direktinvestitionen, mit denen die inländische Firma in die ausländische integriert wird. Ein Lizenzvertrag schafft eine *principal-agent-Beziehung* zwischen ausländischem Lizenzgeber und inländischem Lizenznehmer, die nur mit hohen Transaktionskosten zu einer stabilen Vertragsbeziehung gemacht werden kann. Die ausländische Firma als Lizenzgeber ist der Prinzipal, der die inländische Firma als Lizenznehmer damit beauftragt, als Agent in ihrem Interesse am inländischen Markt zu handeln. Der Prinzipal kann die Handlungen des Agenten nicht direkt beobachten (hidden action), oder der Agent kennt handlungsrelevante Sachverhalte, die der Prinzipal nicht wahrnehmen kann (hidden information) (vgl. ARROW 1985). Die Informationsverteilung zwischen Lizenzgeber und Lizenznehmer ist also asymmetrisch.

Der Lizenznehmer beeinflußt durch sein Handeln den Gewinn des Lizenzgebers; er zahlt diesem jedoch nur eine vertraglich festgelegte Lizenzgebühr. Die mit dem Lizenzvertrag angesprochenen Beziehungen sind in Abb. 8 dargestellt (modifiziert nach BROLL 1990, S. 57).

Abb. 8: Beziehungen des Lizenzvertrages

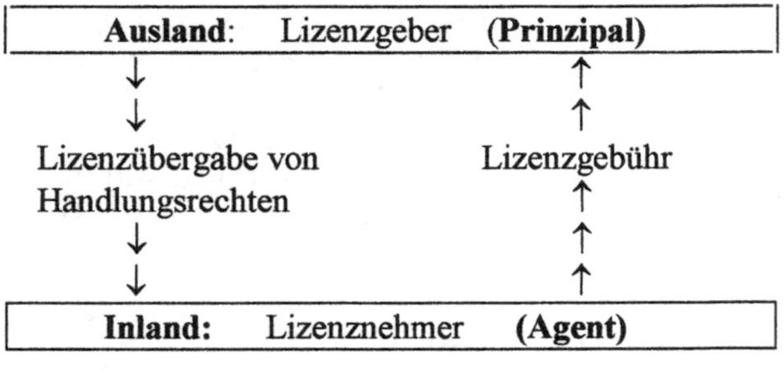

Aufgrund der asymmetrischen Information kann der Lizenznehmer grundsätzlich vom Vertrag abweichen und aus diesem Vertragsbruch einen kurzfristigen Sondergewinn erlangen. Der inländische Lizenznehmer könnte beispielsweise die durch die hohe Produktqualität des ausländischen Lizenzgebers erreichte Reputation bei den Kunden beeinträchtigen, indem er - mit geringeren Kosten - eine weniger hohe Produktqualität bereit stellt als vertraglich zugesagt. Damit ein solcher Vertragsbruch unterbleibt, muß der

Vertrag anreizkompatibel sein, d.h. dem Lizenznehmer Anreize bieten, den Vertrag einzuhalten. Solche Anreize, beispielsweise eine moderate Lizenzgebühr, tragen jedoch zu den Transaktionskosten einer stabilen vertraglichen Regelung bei.

Es läßt sich zeigen, daß bei sonst gleichen Kosten für die Alternativen „Direktinvestition" oder „Lizenzvertrag" ein anreizkompatibler Lizenzvertrag für die ausländische Firma stets ungünstiger ist als eine Direktinvestition (vgl. dazu BROLL 1990, S. 58, und HORSTMANN/ MARKUSEN 1987, S. 472):

Es sei G^* der dauerhafte Gewinn bei Direktinvestitionen, der sich bei Vertragstreue auch in einer lizenzvertraglichen Regelung von der inländischen Firma - allerdings abzüglich der Lizenzgebühr - erreichen läßt. G^a sei der einmalige höhere Gewinn bei Vertragsbruch, wobei also $G^a > G^*$. S sei die Lizenzgebühr, r der Zinssatz. In der Ungleichung

$$\frac{G^* - S}{r} \geq \frac{G^a - S}{1+r}$$

steht auf der linken Seite der abdiskontierte, um die Lizenzgebühr korrigierte Gewinn bei Vertragserfüllung, auf der rechten Seite der einmalige, um die Lizenzgebühr korrigierte Gewinn aus einem Vertragsbruch. Wenn die linke Seite größer als die rechte Seite ist, lohnt sich also Vertragserfüllung, herrscht Anreizkompatibilität der Lizenzgebühr. Diese Bedingung läßt sich umschreiben zu

$$\frac{(1+r)G^* - rG^a}{(1+r)\,r} \geq \frac{S(1+r) - rS}{(1+r)\,r},$$

daraus folgt:

$$S \leq G^* - r(G^a - G^*).$$

Die Lizenzgebühr S, die die ausländische Firma aus dem anreizkompatiblen Vertrag erhalten kann, ist wegen $G^a > G^*$ also stets kleiner als der Gewinn G^*, den sie bei Direktinvestition als multinationale Firma erreichen kann.

Aus diesen Überlegungen folgt, daß Lizenzverträge nur dann günstiger als Direktinvestitionen sein können, wenn die inländische Firma ausgeprägte Kostenvorteile im Vergleich zur ausländischen Firma hat. Dann muß die

Lizenzgebühr größer als der mögliche Gewinn der ausländischen Firma sein S > G*, so daß sich für diese die Lizenzvergabe lohnt. Der Gewinn des inländischen Lizenznehmers, der jetzt mit G^L bezeichnet sei, muß größer sein als G*. „Der Lizenzvertrag ist unter diesen Bedingungen kein Null-Summen-Spiel, bei dem der eine nur gewinnt, was der andere verliert" (BROLL 1990, S. 59). Deutliche Kostenvorteile der inländischen Firma stellen sowohl diese als auch den ausländischen Lizenzgeber besser als Direktinvestitionen.

I.3.4. Bedeutung von Direktinvestitionen in einem Duopol

In den bisherigen Abschnitten wurden entweder auf der Beschaffungsseite (wie im Fall der vertikalen Integration) oder auf der Absatzseite der die Direktinvestition durchführenden ausländischen Unternehmung sowie ihrer Tochterfirmen, Zweigniederlassungen oder Beteiligungen im Inland jeweils eine bestimmte Marktform, wie die des Monopols, die der monopolistischen Konkurrenz oder die der vollständigen Konkurrenz (mit gegebenem Preis) unterstellt. In diesem Abschnitt sollen Direktinvestitionen bei der bisher nicht angesprochenen, aber sehr wichtigen Marktform des Oligopols am Beispiel des Duopols diskutiert werden.

Nach der Transaktionskostentheorie von HENNART (1991) sind Direktinvestitionen in Duopolen insbesondere solche, die ihre Ursache in „strukturellen Marktunvollkommenheiten" haben, die also als strategische Maßnahmen der ausländischen Firma zur Errichtung einer multinationalen Unternehmung zu deuten sind. Sie können zwar auch den Zweck eines Effizienzgewinns haben, verfolgen jedoch in erster Linie den strategischen Zweck, einen exklusiven wettbewerblichen Eigentumsvorteil der ausländischen Firma im Inland zu nutzen. Wenn ein ausländischer Anbieter mit Direktinvestitionen firmenspezifisches Sachkapital im Inland bildet, so schafft dies nicht nur eine dauerhafte Bindung zwischen ausländischem und inländischem Vertragspartner in einer multinationalen Unternehmung. Die Direktinvestitionen bilden vielmehr auch eine strategisch glaubwürdige Drohung gegenüber potentiellen Konkurrenten am Inlandsmarkt, deren Markteintritt damit erschwert wird. Direktinvestitionen erweisen sich als nützlich, „to minimize transaction costs, but also to create highly credible threats as a result of the extreme asset specifity and the often sunk cost character of such an investment" (JACQUEMIN 1989, S. 507).

Die Marktform des Angebots-Duopols liegt vor, wenn jeder von zwei Anbietern einen bedeutenden Anteil am Gesamtangebot hat (vgl. zum Folgenden SCHUMANN 1992, S. 325 ff.). Unterscheiden sich die von den Duopolisten angebotenen Güter im Urteil der Nachfrager nicht voneinander, so liegt ein *homogenes Duopol* vor. In diesem Fall kann es für die von den Duopolisten angebotenen Güter nur einen *einheitlichen Preis* geben. Jede unterschiedliche Preissetzung der Duopolisten würde dazu führen, daß alle Nachfrager nur bei dem billiger anbietenden Duopolisten kaufen. Der einheitliche Preis muß nicht durch Absprache der Duopolisten zustande kommen; möglich ist vielmehr, daß jeder Duopolist statt des Preises die Menge festlegt und daß die Summe der beiden Mengen dann die Höhe des einheitlichen Preises ergibt. Unter diesen Voraussetzungen behandelte COURNOT (1838, Kap. 7) zuerst das Duopolproblem, und man spricht daher vom *COURNOTschen homogenen Mengen-Duopol.*

Gibt es hingegen im Urteil der Nachfrager Unterschiede zwischen den von den Duopolisten offerierten Gütern, so liegt ein *heterogenes Duopol* vor, und die Duopolisten können *verschiedene Preise* für die Güter setzen. Beim heterogenen Duopol liegt es also nahe, daß die Duopolisten statt der Menge den Preis für die von ihnen angebotene Gütervariante festsetzen und daß dieser Preis dann die Menge bestimmt. Unter diesen Voraussetzungen spricht man vom *BERTRANDschen heterogenen Preis-Duopol*, obgleich BERTRAND in seiner Oligopoltheorie von Preissetzung der Duopolisten auf einem homogenen Markt ausging (vgl. RICHTER 1954, S. 16 f.).

Weil beide Anbieter einen bedeutenden Anteil am Gesamtangebot haben, hängt der Gewinn eines Duopolisten nicht nur von seiner eigenen Mengen- bzw. Preissetzung, sondern auch von der Mengen- bzw. Preissetzung des anderen Duopolisten ab; es besteht *oligopolistische* (hier: *duopolistische) Interdependenz* zwischen den Handlungen der Duopolisten. In die Gewinnfunktion des Duopolisten geht auch die Menge bzw. der Preis des anderen Duopolisten ein. Der Duopolist versucht, eine Funktion zu maximieren, deren Variablen nicht nur er selbst kontrolliert. Ein Duopolist hätte bei seiner eigenen Mengen- bzw. Preissetzung eigentlich Veranlassung, den Einfluß auf die Situation des anderen Duopolisten und dessen Reaktion in bezug auf dessen Mengen- bzw. Preissetzung zu berücksichtigen, die auf die eigene Situation zurückwirkt. Die im folgenden verwendeten Modelle nach COURNOT und BERTRAND vernachlässigen jedoch Rückwirkungen und gehen von einer durch die Reaktionen des anderen Duopolisten nicht beeinflußten Mengen- bzw. Preissetzung eines Duopolisten aus, d.h. es wird *autonomes Verhalten* unterstellt.

Im folgenden wird die Alternative „Direktinvestition" im Vergleich zur Alternative „Export" zunächst in einem COURNOT-Modell, dann in einem BERTRAND-Modell behandelt.

I.3.4.1. Direktinvestitionen im Cournotschen homogenen Mengen-Duopol

Eine ausländische Firma und eine noch nicht am Markt befindliche, also potentielle inländische Firma stehen im Inland einer gemeinsamen Preis-Absatz-Funktion gegenüber. Die Angebotsmengen sind y_1 und y_2; es kann nur einen Preis für das homogene Gut geben. Bietet die inländische Firma alternativ die gegebenen Mengen $y_2 = 0$, $y_2 = 10$, $y_2 = 20$ an, so verläuft die Preis-Absatz-Funktion des ausländischen Unternehmens wie in Abb. 9 dargestellt.

Abb. 9: Gewinnmaxima der ausländischen Firma im homogenen Mengen-Duopol

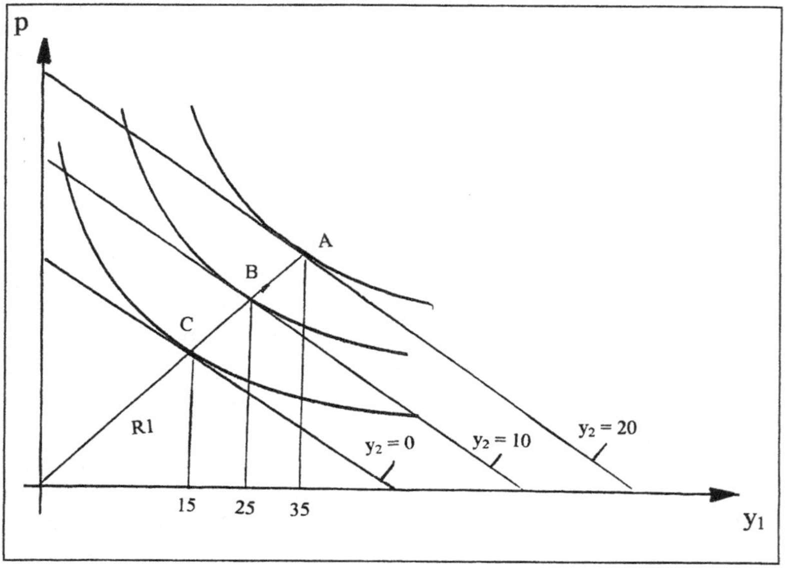

Je mehr die inländische Firma anbietet, desto näher zum Ursprung liegt die als Gerade unterstellte Preis-Absatz-Funktion der ausländischen Firma. In

die Abbildung sind auch Isogewinnkurven eingezeichnet, welche die Preis-Absatz-Geraden tangieren und damit jeweils den maximalen Gewinn G_1 darstellen, den die ausländische Firma erzielen kann. Die Tangentialpunkte A, B, C ließen sich auch als COURNOTsche Punkte bei den Absatzmengen ermitteln, bei denen die Bedingung „Grenzerlös = Grenzkosten" erfüllt ist.

Die Verbindungslinie aller Berührungspunkte ist im gezeichneten Beispiel eine Ursprungsgerade R1; ihre Abszissenwerte geben die gewinnmaximierenden Angebotsmengen der ausländischen Firma an, wenn die inländische Firma mit gegebenen Mengen auf den Markt kommt.

Abb. 10: COURNOTsche Reaktionskurven

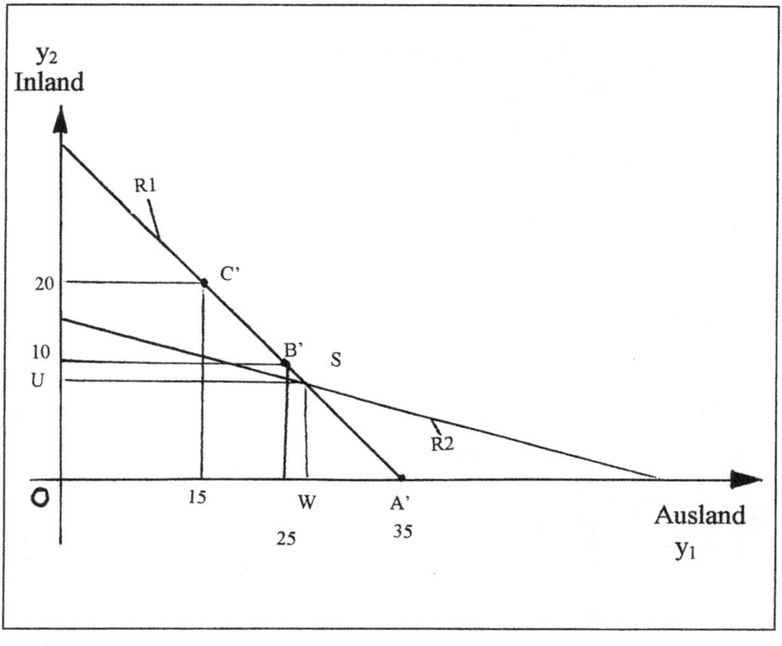

Den Tangentialpunkten A, B, C entspricht jeweils eine Menge y_1 und eine Menge y_2; diese sind auch in einem (y_1, y_2)-Diagramm als Punkte A', B', C' auf der Reaktionskurve R1 darstellbar, die in dem in Abb. 10 gezeigten Beispiel wieder eine Gerade ist. Gemäß den Isogewinnkurven in Abb. 9 steigt der Gewinn in Abb. 10 von C' über B' nach A'; in A' wäre die inländische Firma mit der Menge $y_2 = 0$ am Markt, die ausländische Firma wäre also Monopolist.

Analoge Überlegungen gelten auch für die inländische Firma. Für sie lassen sich in einem (p, y_2)-Diagramm die Preis-Absatz-Geraden für gegebene Mengen y_1 einzeichnen, dazu die nach den Isogewinnkurven gewinnmaximierenden Mengen y_2. Die Verbindungsgerade der Tangentialpunkte ergibt - übertragen in Abb. 11 - die Reaktionsgerade R2 in Richtung der y_2-Achse.

Im Schnittpunkt S der beiden Reaktionsgeraden ist Gleichgewicht gegeben, denn jede Firma maximiert bei den Mengen OU bzw. OW ihren Gewinn, welchen die andere als gegeben annimmt.

Abb. 11: COURNOTsche Duopol-Lösung bei „Export" und bei „Direktinvestition"

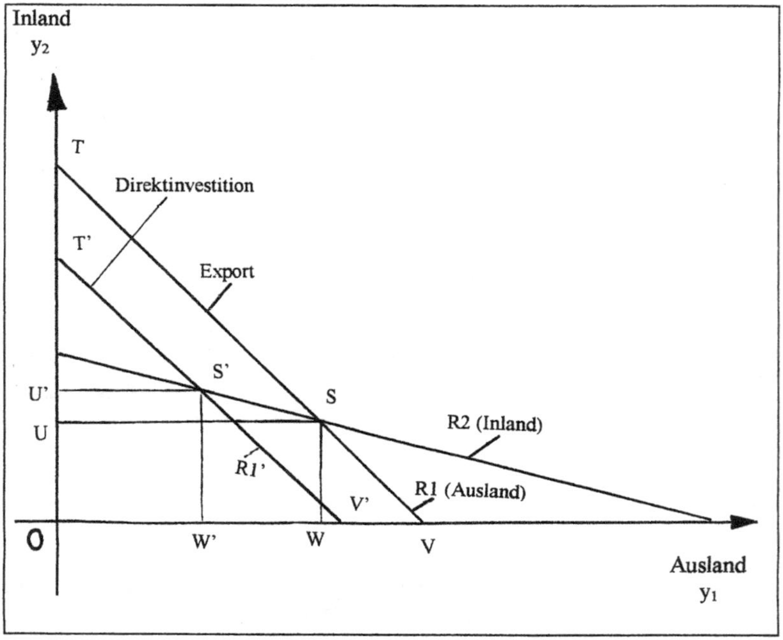

Die Reaktionsgerade R1 der ausländischen Firma wird nun als jene interpretiert, die für die Alternative „Export" gilt. Die Kosten für Transport des Gutes ins Inland sowie für Zölle des Inlands sind in den Kosten und damit in den Isogewinnkurven, die zur Bestimmung von R1 verwendet wurden, bereits erfaßt.

Außer R1 soll jetzt noch eine zweite Reaktionsgerade R1' für die Alternative „Direktinvestition" berücksichtigt werden. Indem die Auslandsfirma jetzt als multinationale Firma eine Tochter- oder Zweigfirma im Inland errichtet oder dort eine einflußreiche Beteiligung erwirbt und im Inland produziert, spart sie zwar Transportkosten und Zölle. Trotzdem sei hier angenommen, daß ihre Durchschnittskosten höher sind als bei „Export", die Isogewinnkurven in Abb. 9 damit weiter links oben verlaufen und die Reaktionsgerade R1' daher links von R1 verläuft, wie in Abb. 11 dargestellt (vgl. JACQUEMIN 1989, S. 509). Der Schnittpunkt von R1' mit R2 liegt im Punkt S'.

Während bisher die übliche Interpretation der Duopoltheorie wiedergegeben wurde, soll nun eine *spieltheoretische Deutung* analog der Neuen Außenhandelstheorie (vgl. dazu BRANDER/SPENCER 1985) herangezogen werden. Es handelt sich um ein *zweistufiges Spiel*, wobei auf der ersten Stufe die Firmen simultan entscheiden sollen, ob sie in den Markt eintreten. Zunächst sind mit der simultanen Entscheidung auf der ersten Stufe dann für Entscheidungen auf der zweiten Stufe nur *Effizienzvorteile* relevant. Der strategische Vorteil einer nicht-simultanen Entscheidung, nämlich eines „first mover"-Vorteils der ausländischen Firma, wird später betrachtet.

Auf der zweiten Stufe entscheiden die Firmen über ihre Absatzmengen gemäß den in Abb. 11 durch S, S', T, T', V und V' dargestellten Punkten. Diese Situationen werden in Abb. 12 verdeutlicht, die ähnlich bei PFAFFERMAYR (1996, S. 77) zu finden ist.

In der letzten *Zeile* der Tabelle in Abb. 12 ist die ausländische Firma nicht am Markt, so daß in der ersten Eintragung die inländische Firma Monopolist wäre. In der letzten *Spalte* ist die inländische Firma nicht am Markt, so daß dort in den ersten beiden Eintragungen die ausländische Firma Monopolist ist. Jeder der Absatzmengen einer Firma läßt sich durch Zurückgehen in Abb. 9 eine der dort gezeichneten Isogewinnkurven und ein bestimmter Gewinn zuordnen. Es lassen sich dann in Abb. 12 diejenigen Situationen aussondern, von denen aus beide Anbieter ihren Gewinn steigern können. Sofort kann die Situation in der letzten Zeile und letzten Spalte ausgesondert werden, in der keiner auf dem Markt ist. Auch andere Situationen lassen sich nach dem spieltheoretischen Kriterium der Teilspielperfektheit (SELTEN

1980, S. 676) aussondern, weil sie wegen der verbesserungsfähigen Gewinne als nicht glaubwürdig erscheinen.

Abb. 12: Absatzmengen im simultanen COURNOT-2-Stufen-Spiel

Ausland: Firma 1	**Inland: Firma 2**	
	Markteintritt	kein Markteintritt
Exporte	S: OW,OU	V: OV, O
Direktinvestitionen	S': OW',OU'	V': OV', O
kein Markteintritt	Z: O, OZ	O: O, O

Erläuterung: Die Einzelbuchstaben bezeichnen die Punkte aus Abb. 10, hinter dem Doppelpunkt bedeuten die ersten beiden Buchstaben die Absatzmenge der Firma 1, die zweiten beiden Buchstaben die Absatzmenge der Firma 2, zu entnehmen aus Abb. 10.

Der Vergleich der beiden Situationen S („Export") und S' („Direktinvestition") dürfte im hier gewählten Beispiel zu Gunsten von S ausgehen, weil die Absatzmenge OW dem ausländischen Anbieter 1 einen höheren Gewinn als die Absatzmenge OW', und weil die Absatzmenge OU dem Anbieter 2 einen höheren Gewinn als die Absatzmenge OU' sichert. Es kommt dabei auf die vergleichsweisen Kosten bei „Export" und „Direktinvestition" der Firma 1 und die dadurch bestimmte Verschiebung der Reaktionsgeraden R1 nach R1' an. Nicht ohne Absicht wird hier die Alternative „Export" aus Kosten- bzw. Effizienzgründen als die vermutlich günstigere hervorgehoben, weil die im folgenden beschriebene Abänderung des Spiels ausreicht, um eine strategische Entscheidung der ausländischen Firma 1 für die Alternative „Direktinvestition", also für Produktion als multinationale Unternehmung auch im Inland, plausibel zu machen.

Die *Abänderung des Spiels* besteht darin, daß in dem zweistufigen Spiel nun auf der ersten Stufe nicht simultan, sondern so entschieden werden soll, daß es der ausländischen Firma als *„first mover“* offensteht, mit Direktinvestitionen im Inland eine *Produktionskapazität* zu erlangen und dadurch zu einer multinationalen Firma zu werden. Mit einer solchen *strategischen Entscheidung*, die „versunkene Kosten“ impliziert, signalisiert die Firma Selbstbindung und den Willen, eine günstigere Stellung als die bei der Strategie „Export“ einzunehmen. Bei einem solchen Verhalten könnte die multinationale Firma von ihrer autonomen Verhaltensweise und damit von ihrer R1'-Reaktionskurve abweichen, um sich aus einer von STACKELBERG beschriebenen Unabhängigkeitsposition auf der Reaktionskurve R2 der inländischen Firma den für sie maximalen Gewinn herauszusuchen (vgl. SCHUMANN 1992, S. 333).

Denkbar ist aber auch, daß die multinationale Unternehmung die inländische Firma ganz vom Markt fernhalten will, um für sich selbst mit der Absatzmenge OV' eine Monopolstellung zu realisieren. Mit diesem strategischen Direktinvestitionsverhalten hätte die ausländische Firma, selbst wenn - wie in dem in Abb. 11 dargestellten Beispiel - die Alternative „Export“ aus Effizienzgründen besser ist, die denkbar höchste Gewinnsituation eines Monopolisten realisiert, die für sie selbstverständlich günstiger ist als die bei der durch S beschriebenen Absatzmenge (vgl. JACQUEMIN 1989, S. 508).

I.3.4.2. Direktinvestitionen im Bertrandschen heterogenen Preis-Duopol

Für die ausländische und die inländische Firma gilt im Inland jeweils eine Preis-Absatz-Funktion. Die Absatzmenge y_1 hängt nicht nur vom Preis p_1 der ausländischen Variante des Duopol-Gutes ab, sondern wegen der engen Substitutskonkurrenz auch vom Preis p_2 des inländischen Gutes. Je höher der Preis p_1, desto geringer (wie üblich) die Absatzmenge y_1; je höher der Preis p_2, desto mehr Nachfrage wendet sich vom Inlandsprodukt y_2 ab und kauft stattdessen das Auslandsprodukt y_1. Für die Absatzmenge y_2 gilt das entsprechende; sie sinkt mit steigendem p_2 und nimmt mit steigendem p_1 zu. Fordert die inländische Firma alternativ die Preise $p_2 = 0$, $p_2 = 5$, $p_2 = 10$, so verläuft die Preis-Absatz-Funktion der ausländischen Firma jeweils wie in Abb. 13 dargestellt. Je höher der von der inländischen Firma geforderte Preis, desto weiter vom Ursprung entfernt liegt die als Gerade unterstellte Preis-Absatz-Funktion der ausländischen Firma.

Außer den parallelen Preis-Absatz-Geraden ist in Abb. 13 noch eine Gerade mit der Bezeichnung $y_2 = 0$ eingetragen, die Situationen angibt, in denen die inländische Firma 2 ihren Absatz verloren hat, die ausländische Firma 1 durch *Marktverdrängung* mithin Monopolist geworden ist. Diese Monopol-Gerade für Firma 1 hängt vom Höchstpreis p_2 ab, bei dem die Firma 2 gerade vom Markt verdrängt ist, und dieser Höchstpreis steigt auch mit dem Preis p_1 (vgl. zur Herleitung SCHUMANN 1992, S. 340).

In Abb. 13 sind wieder Isogewinnkurven eingezeichnet, welche die Preis-Absatz-Geraden in den Punkten A, B und C tangieren und damit jeweils den maximalen Gewinn G_1 darstellen, den die ausländische Firma erzielen kann. Ferner ist auch die Isogewinnkurve eingetragen, welche die Monopol-Gerade im Monopolpunkt M1 tangiert. Als Verbindungslinie der Tangentialpunkte ergibt sich wieder eine Ursprungsgerade R1, die bis zur Monopol-Geraden verläuft und dann zum Monopolpunkt M1 abknickt. Den Tangentialpunkten A, B, C und M1 entspricht jeweils ein Preis p_1 und ein Preis p_2. Diese sind auch im (p_1, p_2)-Diagramm der Abb. 14 als Punkte A', B', C' und M1' dargestellt, die auf einer Reaktionsgeraden R1 liegen, die auf der Monopol-Geraden $y_2 = 0$ abknickt und im Punkt M1' endet.

Abb. 13: Gewinnmaxima der ausländischen Firma bei gegebenen Inlandspreisen im heterogenen Preis-Duopol

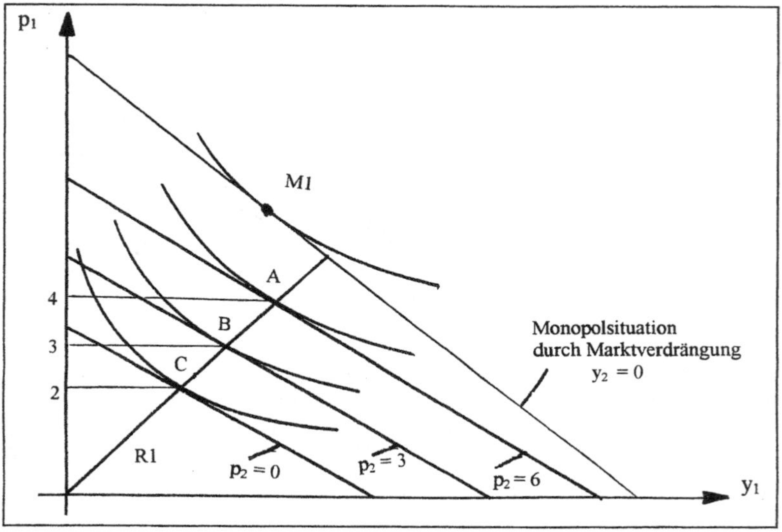

Gemäß den Isogewinnkurven in Abb. 13 steigt der Gewinn in Abb. 14 von C' über B'und A' nach M1'. In C' verlangt die inländische Firma den Preis $p_2 = 0$; was die ausländische Firma bei ihrem Preis $p_1 = 2$ dann verkauft, verdankt sie allein den relativ stärkeren Präferenzen der Käufer für ihr Produkt im Vergleich zu denen für das geschenkte Inlandsprodukt.

Analoge Überlegungen für die inländische Firma im (p_2, p_1)-Diagramm ergeben in Abb. 14 eine Reaktionskurve R2. Der Gewinn der inländischen Firma steigt entlang von R2 nach rechts oben bis zu dem durch Marktverdrängung der ausländischen Firma ($y_1 = 0$) realisierbaren Monopolpunkt M2'. Im Schnittpunkt der beiden Reaktionskurven ist Gleichgewicht gegeben, denn jede Firma maximiert bei den Preisen p_1 = OW und p_2 = OU ihren Gewinn, welchen die andere Firma als gegeben annimmt.

Abb. 14: BERTRANDsche Reaktionskurven

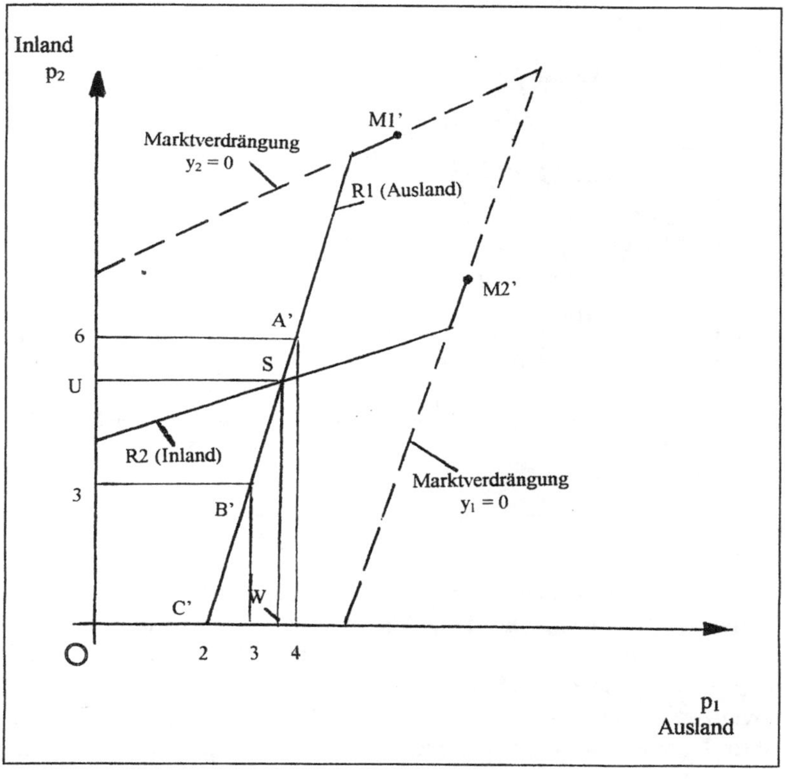

Wie im COURNOTschen Mengen-Duopol wird in Abb. 15 die Reaktionskurve R1 der ausländischen Firma als die für die Alternative „Export" aufgefaßt und ist daher mit $R1_{Ex}$ bezeichnet. Die Kosten für den Transport des Gutes und für den inländischen Zoll sind in den Kosten enthalten, die bei den Isogewinnkurven des Auslands in Abb. 13 berücksichtigt und dann zur Bestimmung der Reaktionskurve in Abb. 14 verwendet wurden.

Abb. 15: BERTRANDsche Duopollösung bei Export und Direktinvestitionen

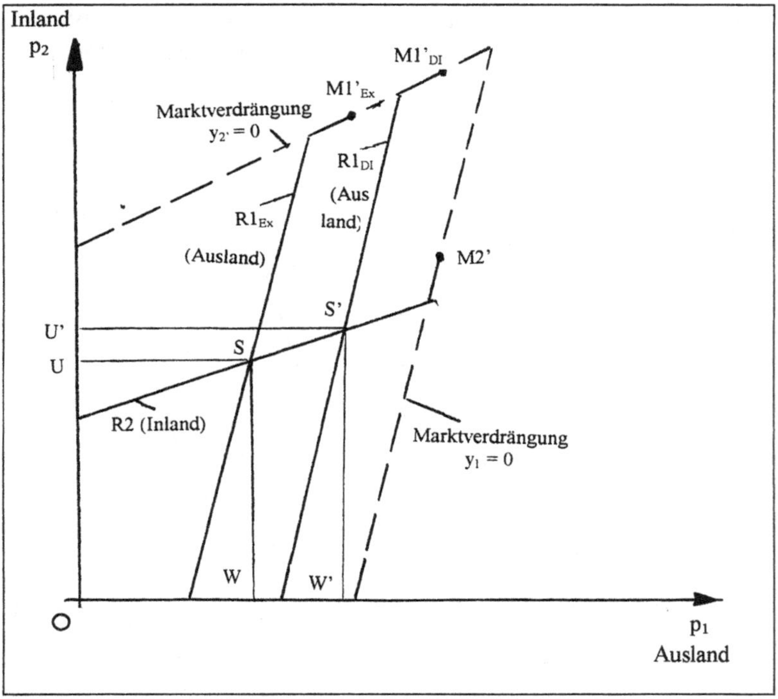

Außer $R1_{Ex}$ soll wieder noch eine zweite Reaktionskurve $R1_{DI}$ für die Alternative „Direktinvestition" eingeführt werden. Die Auslandsfirma, die durch die Direktinvestition nun eine multinationale Firma wird und auch im Inland produziert, spart dadurch Transportkosten und Zölle. Trotzdem sei hier - wie zuvor im COURNOTschen Mengen-Duopol - wieder angenommen, daß ihre Durchschnittskosten wegen ungünstiger inländischer Standort-

daß ihre Durchschnittskosten wegen ungünstiger inländischer Standortfaktoren höher sind als bei der Alternative „Export“. Die Isogewinnkurven für die Alternative „Direktinvestition“ verlaufen damit weiter links oben als in Abb. 13. Bei höheren Durchschnittskosten liegt deshalb die Reaktionskurve $R1_{DI}$ rechts von $R1_{Ex}$, wie in Abb. 15 gezeigt. Die nunmehr durch Direktinvestitionen multinationale Firma 1 wird also aufgrund der höheren Durchschnittskosten einen höheren Preis p_1 fordern als in der Situation, in der sie vom Ausland ins Inland exportiert.

In *spieltheoretischer Deutung* handelt es sich wieder um ein *zweistufiges Spiel*, in dem sich die beiden Firmen auf der ersten Stufe zunächst *simultan* über den Markteintritt und dann auf der *zweiten Stufe* nach Effizienzvorteilen für eine der beiden Alternativen entscheiden.

Anders als in Abb. 12, wo Absatzmengen im simultanen COURNOT-2-Stufen-Spiel tabellarisch dargestellt wurden, kann keine solche Abbildung mit Preisen im simultanen BERTRAND-2-Stufen-Spiel konstruiert werden. Zwar sind bei Markteintritt beider Firmen die der Alternative „Export“ entsprechenden Preise mit den Koordinaten von S, also p_1 = OW, p_2 = OU, und auch die der Alternative „Direktinvestition“ entsprechenden Preise mit den Koordinaten von S’, also p_1 = OW’ und p_2 = OU’, bekannt. Es läßt sich jedoch kein Preis für eine Firma angeben, die nicht in den Markt eintritt; daher fällt die letzte Zeile und die letzte Spalte der Tabelle weg. Tritt nur eine der Firmen in den Markt ein, so erreicht diese eine Monopolsituation nicht durch Marktverdrängung; daher gilt für sie nicht der Monopolpunkt $M1_{Ex}$ oder $M1_{DI}$ bzw. M2. Da es keine Abhängigkeit einer Firma vom eigenen Preis und von dem Preis eines Mitanbieters gibt, kann ein Monopolpunkt bei fehlendem Markteintritt der anderen Firma im (p_1, p_2)-Diagramm auch nicht gezeichnet werden. Die Preis-Absatz-Funktion dieses Monopolisten hat nicht die in Abb. 13 gezeichnete Eigenschaft, aus vielen Geraden für jeweils gegebene Werte des Mitanbieter-Preises zu bestehen. Sie besteht vielmehr nur aus einer Geraden, auf der sich der Monopolpunkt als Tangentialpunkt mit einer Isogewinnkurve ermitteln ließe.

Immerhin läßt sich, wenn in der Situation simultaner Entscheidung ein Markteintritt beider Firmen lohnt, die Lösung S für „Export“ und S’ für „Direktinvestition“ des Auslands ausmachen. Die Alternative „Direktinvestition“ mit ihren hier als höher unterstellten Durchschnittskosten empfiehlt für beide Anbieter höhere gewinnmaximierende Preise als die Alternative „Export“.

Aus Abb. 14 ist bekannt, daß die Gewinne eines Anbieters entlang seiner Reaktionskurve (z.B. für Anbieter 1 von C' über B' und A' nach M1') zunehmen. Folglich gelten in Abb. 15 in S' für das Inland höhere Gewinne als in S. Die inländische Firma profitiert davon, daß die ausländische Firma als multinationale Unternehmung auch im Inland, und zwar teurer, produziert als bei der Alternative „Export". Ob das Ausland in S oder in S' höheren Gewinn erzielt, läßt sich nicht allgemein sagen. Zwar sind in S' beide Preise höher als in S, jedoch senkt ein höherer eigener Preis p_2 die Absatzmenge, während ein höherer Preis des Mitanbieters die Absatzmenge steigert. Selbst wenn die Absatzmenge netto höher ist, könnten die Durchschnittskosten stärker als die Zunahme des Preises p_1 steigen und den Gewinn bei „Direktinvestition" niedriger als bei „Export" ausweisen. Anders als im simultanen COURNOT-Duopol ist also in dem bei den Diagrammen gewählten Beispiel nicht klar, ob die ausländische Firma 2 „Export" oder „Direktinvestition" wählt.

Die Situation ist wieder anders, wenn in dem zweistufigen Spiel auf der ersten Stufe die ausländische Firma 1 *„first mover"* ist und mittels Direktinvestition aus *strategischen Gründen* eine multinationale Firma mit einer *Produktionskapazität* im Inland werden kann. Für diese Kapazität nimmt sie „versunkene Kosten" in Kauf und signalisiert damit den Willen zur Selbstbindung. Sie kann damit die inländische Firma 2 veranlassen, in die STACKELBERGsche Abhängigkeitsposition zu gehen, sich selbst in die Unabhängigkeitsposition begeben und sich auf der Reaktionskurve R2 die für sie gewinnmaximale Preiskombination heraussuchen.

Denkbar ist aber auch, daß die multinationale Unternehmung die inländische Firma ganz vom Markt fernhalten und damit Monopolist werden kann. Auch in dem Fall, daß aus Effizienzgründen die Alternative „Export" günstiger sein sollte - was allerdings selbst in unserem Beispiel der Abb. 15 nicht sicher ist -, kann aufgrund des strategischen Verhaltens die Wahl auf „Direktinvestition" fallen.

Es wurde betont, daß sowohl im COURNOTschen Mengen-Duopol als auch im BERTRANDschen Preis-Duopol die aus Effizienzgründen zu empfehlende Alternative „Export" oder „Direktinvestition" vom jeweiligen Beispiel und damit von den Parametern des Modells und deren Zahlenwerten abhängt. PFAFFERMAYR diskutiert beide Modelle mit plausiblen Gleichungen und nennt Einflußgrößen und Tendenzaussagen oder „Wahrscheinlichkeiten" (vgl. PFAFFERMAYR 1996, S. 106), die sich in der hier verwendeten Terminologie wie folgt wiedergeben lassen:

- Direktinvestitionen sind bei Preiskonkurrenz im BERTRAND-Modell insgesamt weniger wahrscheinlich als bei Mengenkonkurrenz im COURNOT-Modell.
- Direktinvestitionen sind in beiden Modellen dann wahrscheinlicher als die Alternative „Export“, wenn die Gewinndifferenz im Vergleich zu den „versunkenen Kosten“ der Direktinvestition relativ groß ist.
- Die Wahrscheinlichkeit von Direktinvestitionen ist um so höher, je größer der Markt ist, je größer der Standortvorteil des Inlands, je größer die Kosten der inländischen Firma und je größer die Differenzierung der Produktvarianten beider Firmen im BERTRAND-Preis-Duopol ist.
- Zölle oder andere Handelshemmnisse des Inlands können in beiden Modellen Direktinvestitionen veranlassen, insbesondere auch dann, wenn eine strategische Zielsetzung der ausländischen Firma vorliegt, die darauf gerichtet ist, in die STACKELBERGsche Unabhängigkeitsposition zu kommen oder eine Monopolstellung zu erreichen.
- Der strategische Vorteil, mit Direktinvestitionen frühzeitig Produktionsmöglichkeiten im Inland zu erwerben, kann so groß sein, daß Standortnachteile des Inlands nicht ins Gewicht fallen (vgl. PFAFFERMAYR 1996, S. 145).

Es ist zu betonen, daß die Alternativen „Export“ und „Direktinvestition“ in beiden in diesem Abschnitt behandelten Modellen in einem *substitutiven Verhältnis* zueinander stehen. Es geht in diesen einzelwirtschaftlichen Analysen also stets um die Frage, ob Exporte des Auslands wegfallen und durch - mittels Direktinvestition ermöglichte - Produktion im Inland ersetzt werden. Insbesondere in den gesamtwirtschaftlichen Analysen späterer Kapitel geht es auch darum, ob Exporte auch *komplementär* zu Direktinvestitionen sein können, ob also Direktinvestitionen auch Exporte direkt oder indirekt anregen können.

I.3.5. Protektionismus und Direktinvestitionen

Es wurde bereits darauf hingewiesen, daß eine der Zielsetzungen für Direktinvestitionen ausländischer Firmen darin bestehen kann, als „market seeker“ Zölle und andere nicht-tarifäre Importhemmnisse wie Mengenbeschränkungen oder administrative Genehmigungshürden des Inlands zu umgehen (vgl. I.1.3.). Im folgenden soll die Wirkung von Importzöllen erörtert werden.

Möchte sich das Inland vor dem Import ausländischer Güter durch protektionistische Maßnahmen schützen, so fordert es beispielsweise einen hohen Importzoll auf diese Güter. Da regelmäßig die protektionistische Maßnahme je Einheit eines Importgutes, z.B. als Wertzoll je importierter Gütereinheit, erhoben wird, bedeutet die inländische protektionistische Maßnahme für das Ausland höhere variable Kosten und regelmäßig höhere Grenzkosten für das zu exportierende Produkt. Solche Kosten des Protektionismus äußerten sich in Abschnitt I.3.2. in der für die Alternative „Export“ angenommene Kostengeraden bzw. in deren Steigung, den Grenzkosten.

Bei der Alternative „Lizenz“ werden keine Endprodukte, sondern allenfalls Vorprodukte vom Ausland ins Inland geliefert, und das gleiche gilt für die Alternative „Direktinvestitionen“. In der Regel fallen damit nicht nur geringere Transportkosten an, auch der Protektionismus des Inlands wird weitgehend umgangen. Protektionismus des Inlands könnte also sogar die Ursache dafür sein, daß die Varianten „Lizenz“ oder „Direktinvestition“ gewählt werden. Bei Direktinvestitionen spricht man dann von „tariff jumping“ (vgl. SMITH 1987).

Unter Beschränkung auf die beiden Alternativen „Export“ und „Direktinvestition“ können die Gewinnfunktionen für Exporte (G_{Ex}) und für Direktinvestitionen (G_{DI}) wie folgt geschrieben werden:

$$G_{Ex} = p_{Ex}(x_{Ex})\, x_{Ex} - (c_{Ex} + z + t)\, x_{Ex} - F_{Ex}$$

$$G_{DI} = p_{DI}(x_{DI})\, x_{DI} - c_{DI}\, x_{DI} - F_{DI} - D_{DI}$$

Rechts vom Gleichheitszeichen steht jeweils zunächst der Erlös, gebildet aus dem jeweiligen Preis p_{Ex} bzw. p_{DI}, der jeweils von der Absatzmenge x_{Ex} bzw. x_{DI} abhängt, multipliziert mit dieser Absatzmenge. Vom Erlös abgezogen werden die Kosten, die sich im Falle des Exportes zusammensetzen aus der Summe der konstanten Grenzkosten c_{Ex}, der Zölle z und der Transportkosten t, die mit der Exportmenge x_{Ex} zu multiplizieren ist, und den Fixkosten F_{Ex} . Im Falle der Direktinvestitionen setzen sich die Kosten zusammen aus den konstanten Grenzkosten c_{DI}, multipliziert mit der Produktionsmenge x_{DI}, den Fixkosten F_{DI} und den pro Periode für die Direktinvestition anzusetzenden Kosten D_{DI}, wie z.B. Abschreibungen und Zinsen für die Finanzierung der Direktinvestition.

Sind die Preise, die Grenzkosten und die Fixkosten in beiden Fällen gleich, also $p_{Ex} = p_{DI}$, $c_{Ex} = c_{DI}$ und $F_{Ex} = F_{DI}$, so ist der Gewinn aus Direktinvestition G_{DI} genau dann größer als der aus Exporten G_{Ex}, wenn bei gleichen Mengen ($x_{Ex} = x_{DI}$) gilt

$$(z + t)\, x_{Ex} > D_{DI}.$$

Je höher der Zollsatz z, desto größer ist unter sonst gleichen Bedingungen die Vorzugswürdigkeit der Direktinvestition. In Abb. 16 wird der Zusammenhang geometrisch dargestellt (nach BROLL 1990, S. 51).

Der Gewinn G_{Ex} ist dann eine Größe, die mit steigendem Zollsatz abnimmt, mithin in einem (G_{Ex}, z)-Diagramm durch eine fallende Kurve dargestellt werden kann. Der Gewinn G_{DI} ist dagegen vom Zollsatz unabhängig. In einem (G_{DI}, z)-Diagramm ergibt sich eine zur z-Achse parallele Gerade. In Abb. 16 wird gezeigt , daß ab dem Schnittpunkt der fallenden Kurve mit der Geraden, also ab dem Zollsatz z', eine Direktinvestition günstiger ist als der Export des Gutes.

Abb. 16: Tariff-jumping durch Direktinvestition

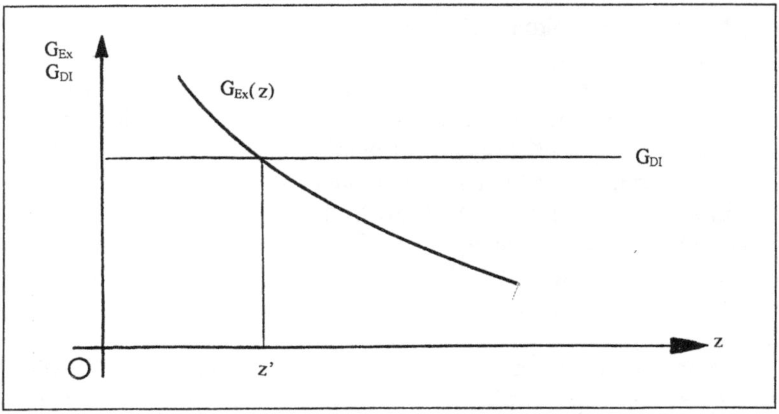

Diese Analyse verdeutlicht, daß multinationale Firmen mit ihren Direktinvestitionen sich nicht nur dem allgemeinen Einfluß nationaler Politiken entziehen, sondern wirksam auch protektionistische Wirtschaftspolitiken konterkarieren können.

Bekannt ist das Beispiel Japans, das protektionistische Praktiken eines gemeinsamen Außenzolls der Europäischen Union im Automobilsektor durch Direktinvestitionen, insbesondere in Großbritannien, zu überwinden trachtete. Die Europäische Union versuchte, sich gegen die Direktinvestitionen zu wehren, indem sie mit local-content-Vorschriften einen umfangreichen Intra-Firmen-Export japanischer multinationaler Automobilfirmen an Vorprodukten für die britischen Zweigniederlassungen verhinderte.

Ein anderes Beispiel sind protektionistische Praktiken der Vereinigten Staaten in Form von mengenmäßigen Importbeschränkungen im Automobilsektor. Nach den rasanten Anstiegen der japanischen Pkw-Exporte in die USA hatten diese den Japanern Selbstbeschränkungsabkommen abgehandelt. Die japanischen Automobilhersteller reagierten mit Produktionsverlagerung mittels Direktinvestitionen, so daß die Exporte durch Produktion in den USA substituiert wurden und der Gesamtabsatz japanischer Autos in den USA weiter anstieg. Seit dem Handelsgesetz der US-Regierung von 1988 verlangt diese von ausländischen Firmen, die eine US-amerikanische Firma erwerben wollen, einen formellen Antrag; sie behält sich außerdem nachträgliche Sanktionen vor (vgl. BROLL 1990, S. 52).

I.3.6. Wechselkursrisiko und Direktinvestitionen

Die bisherigen Überlegungen blendeten das Wechselkursproblem aus, indem alle sich auf Staaten mit unterschiedlicher Währung beziehenden Argumentationen in einer Währung ausgedrückt wurden. Es wurden also jeweils alle Preise und die mit diesen Preisen ermittelten Erlöse, Kosten und Gewinne mit einem als gegeben und konstant unterstellten Wechselkurs umgerechnet. Wird zunächst in zwei verschiedenen Währungen gerechnet, so sind alle Größen des einen Landes mit diesem Wechselkurs zu multiplizieren, um dann wieder mit Größen einer Währung argumentieren zu können.

Die Lage ist allerdings anders, wenn der Wechselkurs keine konstante Größe ist, sondern ein Größe, die sich aus Angebot und Nachfrage am Devisenmarkt täglich neu ergibt. In diesem Fall ist der Wechselkurs aus der Sicht einer einzelnen Firma eine stochastische und damit unsichere Größe, und das gleiche gilt für alle mit diesem Wechselkurs berechneten Werte. Beispielsweise sind die Gewinne aus Exporten des Auslands in das Inland unsichere Größen. Bei Gewinnen aus Direktinvestitionen des Auslands kommt es darauf an, ob diese im Inland verwendet oder ins Ausland zurücktransferiert werden sollen.

Zwei Sachverhalte könnten darauf hinwirken, daß Wechselkursschwankungen doch nicht die Wirkung haben, Größen in einer anderen Währung zu unsicheren Größen zu machen, nämlich

- die Möglichkeit, das Risiko von Wechselkursschwankungen durch Devisen-Terminkontrakte auszuschalten,
- die Geltung der relativen Kaufkraftparitätentheorie.

Gibt es perfekte *Devisen-Termin-Märkte*, so kann eine ausländische Firma prinzipiell bei den beiden Alternativen „Export" und „Direktinvestition" das Wechselkursrisiko - für Exportlieferungen einerseits und für den Gewinntransfer aus Direktinvestitionen andererseits - durch Devisen-Termin-Kontrakte ausschalten (vgl. KAWAI/ZILCHA 1987). Die Kosten dieser Kontrakte müßten dann in den Kostenfunktionen beider Alternativen angesetzt werden. Im folgenden wird vorausgesetzt, daß keine oder keine vollständige Absicherung gegen die Folgen von Wechselkursschwankungen möglich ist.

Die relative *Kaufkraftparitätentheorie* besagt, daß der Wechselkurs sich so entwickelt, daß er unterschiedliche Inflationsraten im Ausland und im Inland ausgleicht (vgl. ROSE/SAUERNHEIMER 1992, S. 178 ff.). Steigen z.B. die Preise im Inland doppelt so schnell wie im Ausland, so wird sich nach der Kaufkraftparitätentheorie der Wechselkurs die inländische Währung in gleichem Tempo abwerten, so daß die durchschnittliche Kaufkraft einer inländischen oder ausländischen Geldeinheit beim Umtausch in die andere Währung erhalten bleibt. Selbst wenn gegen die relative Kaufkraftparitätentheorie des Wechselkurses keine Einwände erhoben werden könnten, so ist sie doch für einzelwirtschaftliche Überlegungen, wie z.B. für die Wahl einer ausländischen Firma zwischen den Alternativen „Export" oder „Direktinvestition", wenig hilfreich. Denn es kann sein, daß die in diesem Zusammenhang relevante einzelwirtschaftliche Entwicklung der Preise im Ausland und im Inland von der gesamtwirtschaftlichen Durchschnittsentwicklung der Preise, wie sie in Inflationsraten zum Ausdruck kommt, deutlich abweicht.

Eilt beispielsweise die einzelwirtschaftliche Preisentwicklung der gesamtwirtschaftlichen Inflationsrate im Inland stärker voraus als im Ausland und kommt es zur Abwertung der inländischen Währung - und damit zur

Aufwertung der ausländischen Währung -, so modifiziert der Wechselkurs das Verhältnis der Erlöse, Kosten und Gewinne aus den beiden Alternativen:

Bei der Alternative „Export" verursacht die Produktion des Gutes der ausländischen Firma in ausländischer Währung Kostensteigerungen, die geringer sind als die Preissteigerung des durch Export erzielten inländischen Erlöses in Inlandswährung; dieser Vorteil wird jedoch ganz oder teilweise wieder ausgeglichen durch die Aufwertung der ausländischen Währung, die die Erlössteigerung in Auslandswährung reduziert. Bei der Alternative „Direktinvestition" des Auslands im Inland mit Produktion und Verkauf im Inland sind sowohl Kosten als auch Erlöse der schnelleren inländischen Preisentwicklung unterworfen. Lediglich die pro Periode für die Direktinvestition anzusetzenden erhöhten Kosten könnten die Gewinne schmälern, wenn diese an das Ausland zu überweisen sind. Es kommt hier darauf an, ob die Gewinne aus den Direktinvestitionen im Inland bleiben oder in aufgewerteter Auslandswährung zu transferieren sind.

Eine allgemeine Aussage darüber, wie weit zwischen den Ländern divergierende Preisentwicklungen sowie die Wechselkursentwicklung die Vorzugswürdigkeit der Alternativen verändern, ist nicht möglich. In der Tendenz kann allerdings vermutet werden, daß Direktinvestitionen ihre bereits in Abschnitt I.3.2. angesprochenen Vorzüge gegenüber Exporten - und ähnlich auch ihre in Abschnitt I.3.3. diskutierten Vorzüge gegenüber Lizenzen - behalten. Dies gilt insbesondere dann, wenn die Möglichkeit besteht, das Wechselkursrisiko eines Gewinntransfers in aufgewertete Auslandswährung durch *firmeninterne Importe* der multinationalen Firma zu reduzieren.

Diese Möglichkeit wurde von BROLL/ZILCHA 1989 anhand eines Modells mit folgenden Charakteristiken beschrieben: Die durch Direktinvestition entstandene multinationale Unternehmung produziert sowohl im Ausland als auch im Inland das gleiche Gut. Sie steht einer fallenden Preis-Absatz-Funktion gegenüber und ist damit Monopolist oder Anbieter bei monopolistischer Konkurrenz. Die Firma kann im Ausland mehr absetzen als sie produzieren kann; sie benötigt dann firmeninterne Importe vom Inland, um im Ausland die absetzbare Gütermenge bereitstellen zu können. Das Wechselkursrisiko wird - aus der Sicht der im Ausland befindlichen Leitung der multinationalen Firma - durch Erhöhung der Inlandsproduktion oder durch Verminderung der im Inland verkauften Gütermenge, damit durch firmeninterne Importe des Auslands, reduziert.

Das Wechselkursrisiko, das bei der Alternative „Export“ sich auf die gesamten Exporte der ausländischen Firma ins Inland erstreckt, läßt sich bei der Alternative „Direktinvestition“ durch den Intra-Firmen-Handel also verringern. Gibt es einen Devisen-Termin-Markt, so kann das Wechselkursrisiko ganz eliminiert werden (vgl. BROLL 1990, S. 67). Die Ergebnisse dieses Abschnitts entsprechen einer Studie des INTERNATIONAL MONETARY FUND von 1984, nach der Wechselkursrisiken die Direktinvestitionen und damit die Herausbildung multinationaler Firmen begünstigen.

KAPITEL II: GESAMTWIRTSCHAFTLICHE ANALYSE VON DIREKTINVESTITIONEN

II.1. Direktinvestitionen als Aggregatgrößen von Volkswirtschaften

II.1.1. Direktinvestitionen im Zahlungsbilanzschema

Die Zahlungsbilanz eines Landes wird durch die nachfolgende Übersicht (vgl. DIECKHEUER 1990, S. 4) wiedergegeben:

Abb.17: Zahlungsbilanzschema eines Landes

Teilbilanzen		**Transaktionen**	**Salden**
Leistungsbilanz	Handelsbilanz	Warenexporte - Warenimporte	HB
	Dienstleistungsbilanz	Verkäufe von Dienstleistungen - Käufe von Dienstleistungen	DLB
	Übertragungsbilanz	Empfangene Übertragungen - geleistete Übertragungen	ÜB
Kapitalverkehrsbilanz	Bilanz des kurzfristigen Kapitalverkehrs (von privaten Wirtschaftssubjekten und öffentlichen Haushalten ohne Bundesbank)	Kreditaufnahme (Veränderung der kurzfristigen Auslandsverbindlichkeiten) - Kreditgewährung (Veränderung kurzfristiger Auslandsforderungen)	KKB
	Bilanz des langfristigen Kapitalverkehrs (von privaten Wirtschaftssubjekten und öffentlichen Haushalten ohne Bundesbank)	Nettokapitalanlagen von Ausländern im Inland (Veränderung der langfristigen Auslandsverbindlichkeiten) - Nettokapitalanlagen von Inländern im Ausland (Veränderung langfristiger Auslandsforderungen)	LKB
	Devisenbilanz	Veränderungen Auslandsverbindlichkeiten der Bundesbank -Veränderungen Auslandsforderungen der Bundesbank	DB
	Summe der Salden		0

Die Zahlungsbilanz eines Landes ist die saldierte Aufzeichnung von volkswirtschaftlichen Transaktionen zwischen Inländern und Ausländern innerhalb der Zeitperiode, auf die sich die Zahlungsbilanz bezieht (in der Regel ein Jahr). In der Buchhaltung, aus der die Bilanz hervorgeht, wird jede Transaktion zweimal verzeichnet: erstens als realer, güterwirtschaflicher ökonomischer Vorgang (z.B. wertmäßiger Export von Waren) und zweitens als Finanzierung dieses Vorgangs (z.B. Exporterlös in Form von Devisen oder als Kreditgewährung an das Ausland).

In der Zahlungsbilanz eines Landes findet man als *Leistungsbilanz* die Aufzeichnung der realen Vorgänge

- von Warenexporten und -importen (Handelsbilanz),
- von Verkäufen und Käufen von Dienstleistungen (Dienstleistungsbilanz),
- von empfangenen und geleisteten Übertragungen (Übertragungsbilanz).

In der *Kapitalverkehrsbilanz* findet man einerseits die Aufzeichnung weiterer realer Vorgänge in Form von Kapitalanlagen, andererseits die Aufzeichnung der saldierten Vorgänge der Finanzierung der realen Transaktionen.

Die hier als Standort der Direktinvestitionen besonders interessierende *Bilanz des langfristigen Kapitalverkehrs* enthält Nettokapitalanlagen von Ausländern im Inland und Nettokapitalanlagen von Inländern im Ausland. Mit Nettokapitalanlagen ist gemeint, daß positive Kapitalanlagen als Zunahme von Forderungen (Kauf von Vermögenswerten) und negative Kapitalanlagen als Abnahme von Forderungen (Verkauf oder Entwertung von Vermögenswerten) bereits saldiert ausgewiesen werden. In der langfristigen Kapitalverkehrsbilanz ist die Differenz zwischen Nettokapitalanlagen von Ausländern im Inland und von Inländern im Ausland positiv, falls die ausländischen Nettokapitalanlagen im Inland die inländischen Nettokapitalanlagen im Ausland übertreffen; im umgekehrten Fall negativ.

Die langfristigen Kapitalanlagen von Ausländern im Inland bzw. von Inländern im Ausland bestehen zum weitaus größten Teil aus

- *Portefolioinvestitionen*, bei denen das Erlösmotiv im Vordergrund steht,
- und *Direktinvestitionen*, die eine Kontrolle über Vermögensgegenstände als (Mit-) Eigentümer zum Ziel haben.

Daneben werden in detaillierten langfristigen Kapitalverkehrsbilanzen noch die folgenden vergleichsweise kleinen Posten ausgewiesen (vgl. BORCHERT 1992, S.292):

- Kredite und Darlehen von Unternehmungen, Privatpersonen und Banken,
- Erwerb von privatem Grundbesitz,
- langfristiger Kapitalverkehr öffentlicher Stellen.

Gemäß der allgemeinen Systematik der Kapitalverkehrsbilanz gehören die ausländischen Direktinvestitionen im Inland aus der Sicht des Auslands zum Kapitalexport, aus der Sicht des Inlands zum Kapitalimport. Die inländischen Direktinvestitionen im Ausland gehören aus der Sicht des Inlands zum Kapitalexport, aus der Sicht des Auslands zum Kapitalimport.

In Abb. 17 kommt in der rechten Spalte zum Ausdruck, daß alle aufgeführten Teilbilanzen in der Regel einen (positiven oder negativen) Saldo haben, der durch die Abkürzungen HB, DLB usw. gekennzeichnet ist. Da die gesamte Zahlungsbilanz aus einer doppelten Buchhaltung resultiert, in der jeder Vorgang einmal als Aktiv- (Credit-) und einmal als Passiv-(Debit-) Posten mit größengleichen Zahlen verbucht wird, ist es selbstverständlich, daß die Summe aller Salden gleich null sein muß.

II.1.2. Direktinvestitionen und die doppelte Verbuchung in der Zahlungsbilanz

Bei Direktinvestitionen des Auslands im Inland haben ausländische Investoren ex definitione das Motiv, mit dem Erwerb der Kontrolle über inländische Vermögensgegenstände eine Eigentümer- oder Miteigentümer-Position zu erwerben und damit eine multinationale Unternehmung zu errichten oder zu erweitern. Der reale ökonomische Vorgang kann dabei bestehen

1. in der Lieferung von Sachkapitalgütern des Auslands zur Errichtung oder Erweiterung der inländischen Unternehmung (als Tochterunternehmung, Zweigniederlassung oder Beteiligung einer multinationalen Unternehmung), die in der Handelsbilanz des Auslands als Warenexport erscheint,
2. im Kauf des Auslands von Sachkapitalgütern im Inland, die in der inländischen Unternehmung investiert werden, oder
3. im Erwerb des Auslands von Aktien oder sonstigen Eigentümeranteilen an der inländischen Unternehmung.

Im 1. Fall erfolgt die Gegenbuchung in der Zahlungsbilanz des Auslands als Direktinvestition, d.h. das Ausland betreibt Kapitalexport; es erwirbt zusätzliche Forderungen an das Inland. Der Warenexport ist der reale Vorgang, die Direktinvestition ist die Finanzierung dieses Vorgangs.

In den Fällen 2. und 3. muß das Ausland, um auf dem Inlandsmarkt Sachkapitalgüter, Aktien oder Eigentümeranteile kaufen zu können, entweder inländische Devisen erwerben oder einen inländischen Kredit aufnehmen. In diesen Fällen ist die Direktinvestition der reale Vorgang, die Gegenbuchung zeigt die Finanzierung dieses Vorgangs entweder durch Belastung des Devisenkontos einer Bank oder der Zentralbank des Auslands oder durch zusätzlichen Kapitalimport des Auslands.

II.1.3. Folgerungen für die Forderungsposition und die Faktormobilität

Die Fallunterscheidungen zeigen, daß Direktinvestitionen *nicht unbedingt die Forderungsposition* des Auslands als Differenz zwischen dem Wert der Forderungen und dem Wert der Verbindlichkeiten *verändern*. Im ersten Fall steigert die Direktinvestition die Forderungsposition des Auslands. Im zweiten und dritten Fall bleibt die Forderungsposition des Auslands unverändert, denn dem Kapitalexport der Direktinvestition als zusätzlicher Forderung steht in gleicher Höhe entweder eine Abnahme des Devisenbestandes oder ein Kapitalimport des Auslands als zusätzliche Verbindlichkeit gegenüber.

Die Fallunterscheidungen zeigen ferner, daß Direktinvestitionen *nicht unbedingt mit internationaler Mobilität* des Produktionsfaktors Sachkapital *verbunden sind*. Nur im ersten der drei Fälle ist mit dem Export von Sachkapitalgütern diese Mobilität gegeben. Im zweiten Fall werden die Sachkapitalgüter am Inlandsmarkt beschafft, es herrscht also nur intranationale Sachkapitalmobilität. Im dritten Fall sind die vom Ausland zu erwerbenden Aktien oder sonstigen Eigentümeranteile Ansprüche auf bereits vorhandenes Sachkapital; es ist also weder internationale noch intranationale Sachkapitalmobilität gefragt. Die Fälle, daß Direktinvestitionen keine internationale Faktormobilität erfordern, betonen besonders die Vertreter der Neuen Außenhandelstheorie multinationaler Unternehmungen: „What the new models make clear, above all, is that multinational enterprise is not a type of factor mobility. It represents an extension of control, not necessarily a movement of capital.“ (KRUGMAN 1990, S. 83).

II.1.4. Geleistete und erhaltene Direktinvestitionen als Strömungs- und als Bestandsgrößen

Die Zahlen für Direktinvestitionen, die man auf der linken (Aktiv-) Seite der Kapitalverkehrsbilanz eines Landes findet, ergeben sich als Summe der vom Ausland geleisteten Direktinvestitionen aus den genannten Fällen. Als Nettokapitalanlagen ist die Summe der positiven geleisteten Kapitalanlagen noch um negative Kapitalanlagen durch Verkauf oder Entwertung von Vermögen korrigiert. Daraus ergibt sich, daß die Direktinvestitionen auf der Aktivseite der Kapitalverkehrsbilanz als Aggregatgröße über die gesamten geleisteten Direktinvestitionen des Auslands Aufschluß geben, daß jedoch diese Aggregatgröße über die Zuordnung der Direktinvestitionen zu den drei diskutierten Fällen keine Schlüsse zuläßt. Man kann also weder sagen, wie die Direktinvestitionen des Auslands dessen Forderungsposition verändern, noch wie sie internationale Sachkapitalmobilität erfordern. Ferner läßt sich aus der Größe der Direktinvestitionen nicht erkennen, welche Wirkung deren Finanzierung auf den ausländischen und den inländischen Markt für Geld und Kredit hat.

Alle Argumente, die in diesem Abschnitt für die geleisteten Direktinvestitionen des Auslands auf der linken Seite der Kapitalverkehrsbilanz des Inlands vorgetragen wurden, gelten selbstverständlich analog auch für die Direktinvestitionen des Inlands auf der rechten Seite seiner Kapitalverkehrsbilanz.

Die Tatsache, daß Volkswirtschaften in der Regel sowohl Direktinvestitionen tätigen als auch solche erhalten, weist zusätzlich darauf hin, daß Volkswirtschaften in der Zeit der Internationalisierung sowohl aktiv als auch passiv an Direktinvestitionen beteiligt sind. Das bedeutet, daß multinationale Unternehmungen des Auslands Tochter- oder Zweigunternehmungen oder Beteiligungen im Inland erwerben oder erweitern, daß aber auch multinationale Unternehmungen des Inlands im Ausland tätig werden.

Zahlungsbilanz bzw. Kapitalverkehrsbilanz und die darin enthaltenen Größen wie Direktinvestitionen beziehen sich jeweils auf eine Periode, normalerweise ein Jahr, und sind damit *Stromgrößen*. Faßt man die Stromgrößen aller vergangenen Jahre bis zur Gegenwart zusammen, so erhält man stichtagsbezogene *Bestandsgrößen* (vgl. ERNST/HILPERT 1990, S.3).

Als Stromgrößen beschreiben die Direktinvestitionen mithin die Summe der in einem Jahr von einer Volkswirtschaft geleisteten bzw. erhaltenen Direktinvestitionen. Als Bestandsgröße sind also alle Direktinvestitionen gemeint, über welche das Ausland an einem Stichtag im Inland verfügt bzw. mit welchen das Inland an diesem Stichtag im Ausland engagiert ist. In den in Kapitel III dieser Arbeit darzustellenden Zahlen werden Direktinvestitionen sowohl als Strömungs- als auch als Bestandsgrößen zu finden sein.

II.2. Direktinvestitionen und Außenhandelstheorie

II.2.1. Das Fehlen von Direktinvestitionen in der klassischen und der neoklassischen Außenhandelstheorie

In den älteren Theorien internationaler Wirtschaftsbeziehungen stand stets der Außenhandel, also der Export und der Import von Gütern, im Vordergrund. Das gilt sowohl für das klassische Modell der *komparativen Kostenunterschiede* von RICARDO als auch für das neoklassische Modell der *komparativen Faktorausstattungsunterschiede* von HECKSCHER und OHLIN (vgl. z.B. SIEBERT 1994, Kap. 4). Diese Theorien unterstellen für die außenwirtschaftlichen Beziehungen eines Landes eine ausgeglichene Handelsbilanz.

Im ersten der drei in Abschnitt II.1.2 unterschiedenen Fälle wurde darauf hingewiesen, daß ausländische Sachkapitalgüter zur Errichtung oder Erweiterung von inländischen Firmen als Teil von ausländischen multinationalen Unternehmungen - und analog auch inländische Sachkapitalgüter zur Errichtung oder Erweiterung ausländischer Firmen als Teil inländischer multinationaler Unternehmungen - Gegenstand von Direktinvestitionen sein können, die in der Handelsbilanz verbucht werden. In den älteren Theorien internationaler Wirtschaftsbeziehungen wurde regelmäßig keine Aussage darüber gemacht, ob es sich bei den exportierten oder importierten Gütern um Konsumgüter, um Zwischenprodukte oder um Sachkapitalgüter (die entweder an fremde Unternehmungen gehen oder als Direktinvestition in der eigenen multinationalen Unternehmungen genutzt werden) handelt. Grundsätzlich kann man jedoch davon ausgehen, daß nur Komsumgüter oder Zwischenprodukte Gegenstand der älteren Außenhandelstheorie waren, wie z.B. das Konsumgut „Wein“ und das Zwischenprodukt „Tuche“ (im Modell England - Portugal) in der Theorie der komparativen Kostenvorteile von RICARDO. Internationale Faktorbewegungen spielten noch keine Rolle.

Es wurde vielmehr davon ausgegangen, daß der freie internationale Handel mit Konsumgütern und Zwischenprodukten ausreicht, um die möglichen Wohlfahrtswirkungen internationaler Wirtschaftsbe-ziehungen zu realisieren.

Für die Produktionsfaktoren wird in den älteren Theorien zwar regionale und intersektorale Mobilität innerhalb eines Landes, nicht jedoch internationale Mobilität über die Grenzen des Landes hinweg unterstellt. Die Außenhandelstheorie deduzierte ihre Ergebnisse unter der Annahme, daß die Produktionsfaktoren in ihren Heimatländern bleiben.

Obgleich Direktinvestitionen in der älteren Außenhandelstheorie fehlen, ist es sinnvoll, die HECKSCHER-OHLIN-Theorie hier kurz darzustellen, weil Direktinvestitionen in der neueren Außenhandelstheorie auf dieser Darstellung aufbauen.

Unter der Annahme, daß es keine Transportkosten oder protektionistischen Handelshemmnisse für die international gehandelten homogenen Güter gibt, konnte die ältere Außenhandelstheorie in der HECKSCHER-OHLIN Tradition nicht nur die Angleichung der internationalen Güterpreise, sondern sogar eine in der Regel eintretende internationale Angleichung der Preise der in ihren Heimatländern verbliebenen Produktionsfaktoren beweisen (vgl. als Lehrbuchdarstellung ROSE/SAUERNHEIMER 1992, S. 394 ff., als Originärdarstellung SAMUELSON 1949, S. 181 ff.). Der in einem Land im Verhältnis zum Ausland reichlich vorhandene Faktor wird durch Außenhandel mit Gütern knapper, dadurch steigt sein an den Grenzkosten orientierter Faktorpreis; der relativ knappe Faktor wird durch Außenhandel weniger knapp, dadurch sinkt sein an den Grenzkosten orientierter Faktorpreis. Da im Außenhandelsgleichgewicht zwischen den Ländern die Grenzkosten eines Faktors - in einer Währung ausgedrückt - in allen Ländern gleich sind, kann es auch keine internationalen Unterschiede in den Wettbewerbs-Preisen der Produktionsfaktoren geben.

In der älteren Theorie ist damit der freie (auch transportkostenfreie) Außenhandel mit homogenen Gütern ein Ersatz für internationale Faktorbewegungen. Das Fehlen von Faktorpreisunterschieden für Sachkapital bietet daher nach der älteren Theorie auch keinen Anlaß, Sachkapital wegen eines in einem anderen Land höheren Faktorpreises zu exportieren oder gar in einem anderen Land durch Direktinvestitionen die eigene Unternehmung als multinationale Unternehmung zu gründen oder zu erweitern.

Die Außenhandelstheorie in der HECKSCHER-OHLIN Tradition unterstellt im 2 Güter - 2 Faktoren - 2 Länder - Beispiel in beiden Ländern für jedes der Güter identische Nachfragebedingungen und identische Produktionsbedingungen; die Länder unterscheiden sich durch unterschiedliche Ausstattung mit den beiden Produktionsfaktoren.

Grundlage der *Nachfragebedingungen* sind gesamtwirtschaftliche Nutzenfunktionen, die in beiden Länder identisch und homothetisch sind. Die letztere Eigenschaft bedeutet:

- Für jedes Land gilt ein Indifferenzkurvensystem für die Güter x und y, in dem ein beliebiger Strahl aus dem Ursprung des Koordinatensystems die Indifferenzkurven in Punkten schneidet, in denen sie die gleiche Steigung haben.
- Eine Konsumsumme wird stets in den gleichen Proportionen auf den Konsum der beiden Güter aufgeteilt. Nimmt die Konsumsumme um einen bestimmten Prozentsatz zu, so steigt auch der Konsum jedes Gutes um diesen Prozentsatz.

Abb. 18: Indifferenzkurven einer homothetischen Nutzenfunktion

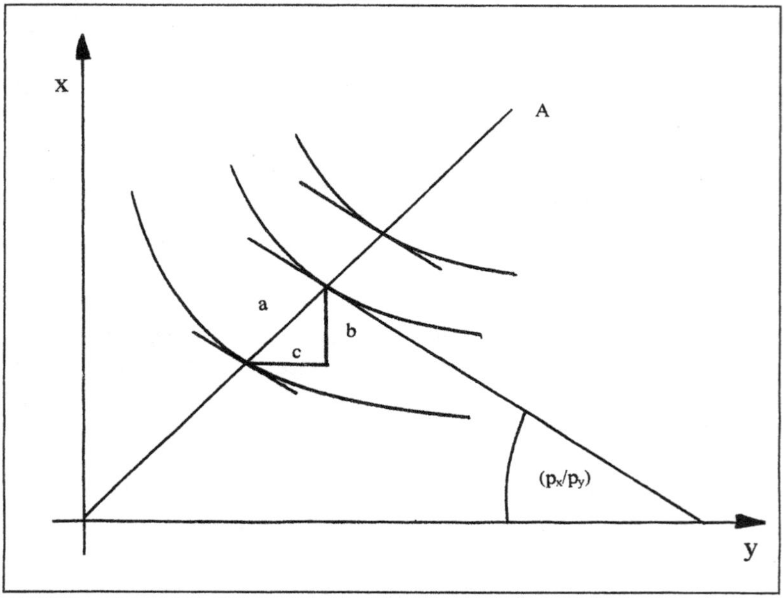

Ein solches Indifferenzkurvensystem ist in Abb. 18 dargestellt. Es ist für beide Länder identisch, gilt daher für das Inland und für das Ausland. Der willkürlich gewählte Ursprungsstrahl OA, dessen Steigung die mengenmäßige Aufteilung einer Konsumsumme auf die Güter x und y zeigt, ist beispielhaft für das Güterpreisverhältnis P_y/P_X. Bedeutet a z.B. eine 50 %-ige Konsumsummensteigerung, so beträgt auch die Zunahme b des Konsums am Gut x und die Zunahme c des Konsums am Gut y jeweils 50 %.

Abb. 19: Isoquanten und Faktorausstattungen: Ausland und Inland

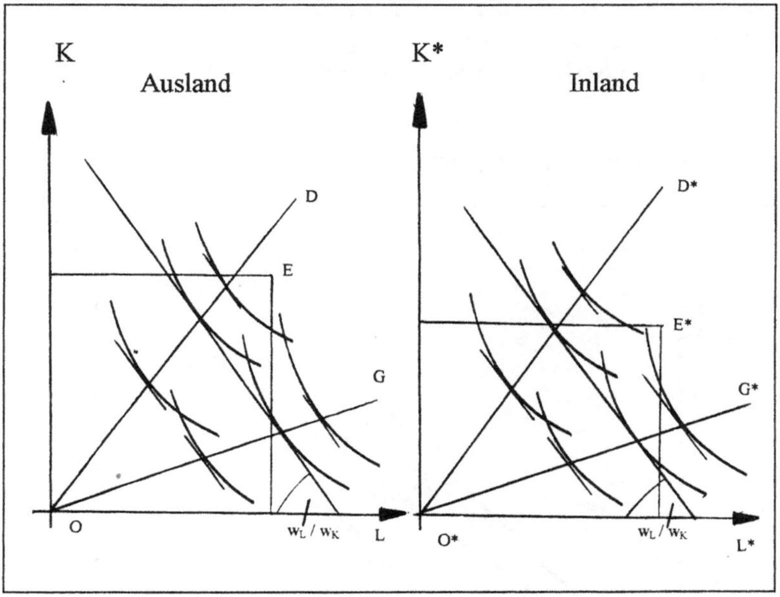

Als *Produktionsbedingungen* gelten in beiden Ländern für jedes der beiden Güter jeweils identische linear-homogene Produktionsfunktionen. Auch für die Isoquanten gilt, daß diese einen beliebigen Ursprungsstrahl in Punkten schneiden, in denen sie die gleiche Steigung haben. In Abb. 19 sind - getrennt für das Ausland und für das Inland - die Isoquanten für Einsatzmengen der beiden Faktoren Sachkapital K bzw. K* und Arbeit L bzw. L* mit den entsprechenden Isoquantensystemen dargestellt. Als Faktorpreisverhältnis w_L/w_K ist in Abb. 18 bereits jenes eingezeichnet, welches sich einheitlich für beide Länder nach dem internationalen Ausgleich der Faktorpreise im Außenhandelsgleichgewicht einstellt. Dieses Faktorpreisverhältnis wählt mit den Ursprungsstrahlen OD bzw. OD* und OG bzw. OG* jene aus, welche die im Ausland und Inland im Außenhandelsgleichgewicht für jedes Gut einheitliche Sachkapitalintensität $(K/L)_x = (K^*/L^*)_x$ bzw. $(K/L)_y = (K^*/L^*)_y$ bestimmen. Die Faktorausstattung wird für das Ausland durch E, für das Inland durch E* beschrieben.

Es ist unterstellt, daß sich eine Isoquante für Gut x und eine Isoquante für Gut y nur einmal schneiden. Damit wird sichergestellt, daß Gut x bei jedem Faktorpreisverhältnis mit höherer Sachkapitalintensität produziert wird als Gut y, daß also x das kapitalintensivere Gut und y das arbeitsintensivere Gut darstellt. Würden sich die Isoquanten für Gut x zweimal mit denen für Gut y schneiden, so könnten umschlagende Faktorintensitäten relevant werden (vgl. dazu ROSE/SAUERNHEIMER 1992, S. 408 f.).

Abb. 20: Faktorpreisausgleich nach HECKSCHER-OHLIN

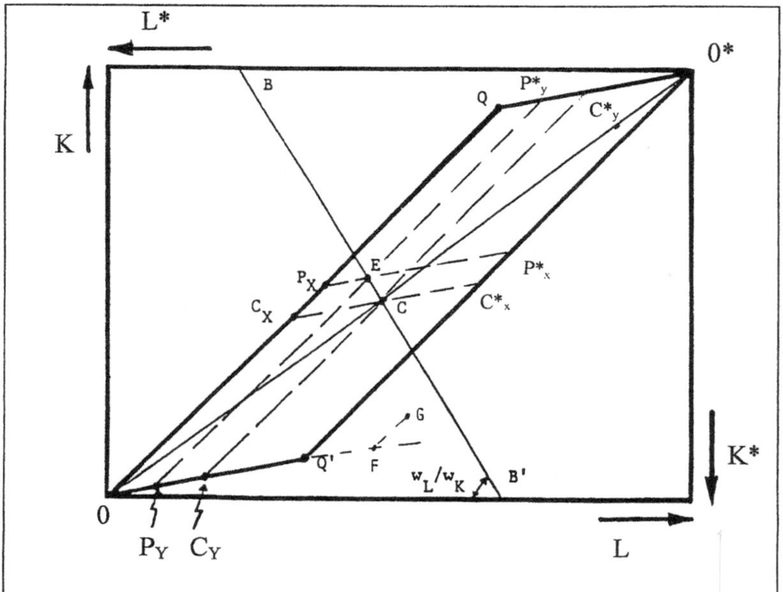

Sachkapital dargestellt, das sich aus Abb. 19 dadurch ergibt, daß das rechte der beiden Diagramme um 180 ° gewendet und mit dem Punkt E* auf den Punkt E gelegt wird. Die vier Ursprungsstrahlen bilden nun ein Parallelogramm OQO*Q* der Faktorintensitäten für die beiden Güter; die Isoquanten sind nun weggelassen (vgl. dazu VOSGERAU 1989, S. 204 ff.).

Die Größe der Box ist bestimmt durch die in beiden Ländern vorhandenen Faktormengen. Die Faktorausstattung E wird nach den Regeln des Kräfteparallelogramms auf die Produktion der beiden Güter aufgeteilt. Für das Ausland zeigt P_x die in der Produktion des Gutes x eingesetzten, P_y die in der Produktion von y eingesetzten Faktormengen. Analog lassen sich für das Inland die Punkte P^*_x und P^*_y ermitteln.

Mit der Faktorausstattung E und der für beide Länder gleichen Faktorpreisrelation w_L/w_K läßt sich mit Außenhandel im Ausland ein Faktoreinkommen OC und im Inland ein Faktoreinkommen O*C erzielen.

Der Punkt C liegt auf der Box-Diagonalen OO*, die den Nachfragebedingungen in beiden Ländern entspricht: Teilt man C nach den Regeln eines Kräfteparallelogramms auf die Punkte C_x und C_y für das Ausland und C^*_x und C^*_y für das Inland auf, so entsprechen diese Punkte Faktorallokationen und damit Produktionsmengen der Güter x und y, die, für den Konsum verwendet, den für beide Länder unterstellten homothetischen Nutzenfunktionen entsprechen. Die Konsumsumme und damit das Einkommen wird in einer in beiden Ländern gleichen Proportion auf die beiden Güter aufgeteilt.

Die Differenz P_x - C_x entlang der Geraden OQ beschreibt die Faktormengen, die im Ausland für den Export des Gutes x eingesetzt sind (das Inland importiert dieses Gut). Die Differenz C_y - P_y entlang der Geraden OQ' repräsentiert die Faktormengen, die im Ausland für den Import des Gutes y erforderlich wären (die im Inland für den Export eingesetzt werden).

Das Parallelogramm OQO*Q' stellt den Bereich dar, in dem es zu einem internationalen Gleichgewicht und damit zur Angleichung der Faktorpreise ohne internationale Faktorbewegungen kommt. Liegt der Punkt der Faktorausstattung auf dem Rand des Bereiches, so spezialisieren sich die Länder vollständig auf die Produktion jeweils eines der Güter. Befindet sich der Faktorausstattungspunkt außerhalb des Bereiches OQO*Q', z.B. in G, so würde im Ausland von Gut y die Menge OF produziert, die Nachfrage in beiden Ländern entspricht jedoch nur der Menge OQ'; dies bedeutet aber

Überproduktion. Da das Ausland mehr vom Produktionsfaktor Arbeit und weniger Sachkapital besäße als dem Bereich OQO*Q' eines Außenhandelsgleichgewichts angemessen wäre, käme es auch nicht zu einer Angleichung des internationalen Faktorpreisverhältnisses bzw. der einzelnen Faktorpreise. Im Punkt G besitzt das Ausland mehr Arbeit und weniger Sachkapital als der Faktorpreisausgleich erfordern würde, d.h. der ausländische Preis der Arbeit ist geringer, der ausländische Preis des Sachkapitals ist höher als der inländische.

II.2.2. Multinationale Unternehmungen in der Neuen Außenhandelstheorie

Die folgende Analyse, die sich an HELPMAN/KRUGMAN (1985, Chapter 12) und an VOSGERAU (1989, S. 207 ff.) orientiert, hat den Vorteil, an die im Vorabschnitt erläuterte geometrische Darstellung eines Außenhandelsgleichgewichts anknüpfen zu können. Es zeigt die Möglichkeit von Direktinvestitionen solcher Art auf, wie sie in multinationalen Unternehmungen stattfinden und wie sie in Abschnitt I.1.2. als Direktinvestitionen zur Überwindung natürlicher Marktunvollkommenheiten beschrieben wurden. Diese Marktunvollkommenheiten waren in Abb. 3 auch als Direktinvestitionen bei horizontaler, vertikaler Vorwärts- oder Rückwärtsintegration mit dem jeweils integrationsverursachenden Marktversagen beschrieben worden. Die Wirkungen der Überwindung der Marktunvollkommenheiten sollen hier nach der Sprechweise von HELPMAN/ KRUGMAN (1985, S. 228) als Headquarter Services, also als Leistungen der Zentrale der multinationalen Firma im Ausland an die Tochterfirma, die Zweigstelle oder Beteiligung im Inland beschrieben werden. Ihre Besonderheit besteht darin, daß sie - als hochspezialisiertes Management, als Marketing oder als produktspezifische Forschung - im Ausland erbracht und im Inland in Anspruch genommen werden können.

Die Headquarter Services sollen in Unternehmungen anfallen, die der Branche angehören, die das Gut x produziert. Diese Branche erzeugt jetzt aber nicht mehr ein homogenes Gut. Vielmehr handelt es sich um einen *heterogenen Markt* mit *monopolistischer Konkurrenz* im Sinne von CHAMBERLIN (1933), auf dem jede Unternehmung eine eigene Variante des Produktes anbietet, so daß horizontale Produktdifferenzierung herrscht. Jede dieser Firmen erbringt für ihre Produktvariante Headquarter Services, die *zunehmende Skalenerträge* bewirken.

Im CHAMBERLIN-HECKSCHER-OHLIN-Ansatz werden die Nachfragebedingungen für die Branche x mit dem horizontal differenzierten Produkt durch eine Nutzenfunktion beschrieben, wonach der Nutzen der Verbraucher von der Menge pro Gütervariante, aber auch von der Zahl der Gütervarianten n abhängt. Die Nachfrager wünschen also Produktdifferenzierung; neben den verbrauchten Mengen bestimmt auch die Produktvielfalt die Höhe des Nutzens.

Die Produktionsbedingungen der Branche x sind bestimmt durch die von den Nachfragern gewünschte Produktdifferenzierung, jedoch bewirken die steigenden Skalenerträge durch Headquarter Services für kleine Mengen vieler differenzierter Produkte höhere Durchschnittskosten als für große Mengen weniger Produktvarianten.

Die Branche, die das Gut y produziert, soll wie bisher unter den Bedingungen vollständiger Konkurrenz produzieren. Die Nachfrage nach Gut y ist wie im Vorabschnitt so, daß die mengenmäßige Aufteilung der Konsumsumme auf x und y bei gegebenem Preisverhältnis konstant ist.

Die Produktionsbedingungen lassen sich im Gleichgewicht im Faktormengen-Box-Diagramm der Abb. 21 für Gut y wie früher für das Ausland durch den Ursprungsstrahl OQ', für das Inland durch den Ursprungsstrahl O*Q darstellen. Für die Branche x sollen statt des früher verwendeten Strahls für das Ausland OQ bzw. für das Inland O*Q' jedoch jeweils zwei Strahlen, OD und DQ bzw. O*D' und D'Q' gelten. Mit Faktorkombinationen gemäß den steileren Strahlen OD und O*D' und daher mit den relativ kapitalintensiveren Verfahren werden die Headquarter Services hergestellt. Diese gehen als Zwischenprodukte in die Produktion der differenzierten Güter der Branche x ein, die dabei außerdem den durch die Strahle DQ (Ausland) bzw. D'Q' (Inland) beschriebenen Faktoreinsatz erfordern. Der gesamte Faktoreinsatz in Branche x ist für das Ausland eine Kombination der Strahle OD und DQ, die wieder durch den Strahl OQ dargestellt wird, und für das Inland eine Kombination von O*D' und D'Q', die wieder durch O*Q'repräsentiert wird (vgl. KRUGMAN/HELPMAN 1985, S. 235).

Die Strahlen OQ bzw. O*Q' können in äquidistante Strecken zerlegt werden, wobei jede Strecke die zur Produktion einer Produktvariante und damit die von einer Firma benötigte Faktormenge zeigt. Wieviel jede Firma im Gleichgewicht unter Berücksichtigung der Nachfrage benötigt und wieviel sie von ihrer Produktvariante mit zunehmenden Skalenerträgen produ-

damit die von einer Firma benötigte Faktormenge zeigt. Wieviel jede Firma im Gleichgewicht unter Berücksichtigung der Nachfrage benötigt und wieviel sie von ihrer Produktvariante mit zunehmenden Skalenerträgen produziert, hängt von ihrem gewinnmaximierenden Kostenkalkül nach der Regel Grenzerlös = Grenzkosten ab (vgl. dazu PFAFFERMAYR 1996, S. 110 f.). Unter vereinfachenden Annahmen sind die Nachfrage und die Kosten für alle Produktvarianten - und damit auch ihre Produktionsmengen und ihre Preise - identisch.

Abb. 21 : Faktorpreisausgleich nach CHAMBERLIN-HECKSCHER-OHLIN

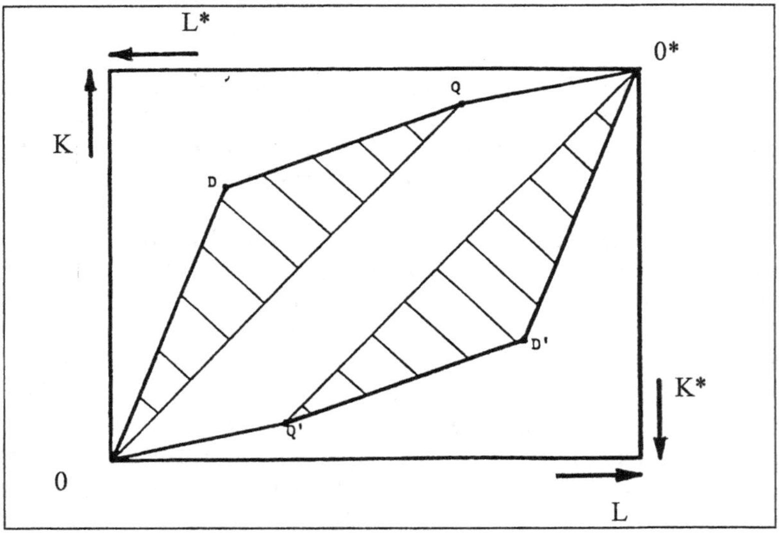

In Abb. 21 bilden die Strahle statt eines Parallelogramms - wie in Abb. 20 - ein Sechseck mit jeweils parallelen Seiten (vgl. VOSGERAU 1989, S. 207). Es bleibt in der folgenden Abb. 22 zu zeigen, daß Faktorausgleich nicht nur für Faktorausstattungspunkte innerhalb und auf dem Rand des Parallelogramms, sondern auch innerhalb und auf dem Rand des Sechsecks eintritt. Der Bereich des Faktorpreisausgleichs vergrößert sich also um die schraffierten Dreiecke. Der Faktorpreisausgleich wird möglich, weil sich von diesem Bereich aus Direktinvestitionen im anderen Land lohnen, mit deren Hilfe die Faktorausstattung des eigenen Landes sozusagen vergrößert werden kann. Die Direktinvestitionen einer ausländischen Firma haben den

Internalisierung sind sie in der Lage, die steigenden Skalenerträge hervorzubringen.

In Abb. 22 sei E der Faktorausstattungspunkt der beiden Länder (vgl. HELPMAN/KRUGMAN 1985, S. 236). Es sei in dem zu untersuchenden Beispiel vorausgesetzt, daß das Ausland im internationalen Gleichgewicht seine Ausstattung mit Sachkapital und Arbeit nur in die Branche der diversifizierten Produkte x lenkt. Das Ausland produziert dann mit den durch E_H bezeichneten Faktormengen Headquarter Services, die in die Produktion der Branche x eingehen. Diese Branche setzt außerdem die Fakatormengen E_HE des Auslands in der Produktion der Branche x ein. Ferner *internalisiert diese Branche* in multinationalen Unternehmungen mittels Direktinvestitionen die *Faktormengen* EE_m *des Inlands*. Gemeinsam mit Headquarter Services des Auslands erzeugen auch diese Faktormengen Produkte der Branche x.

Abb. 22: Faktorpreisausgleich und multinationale Unternehmungen

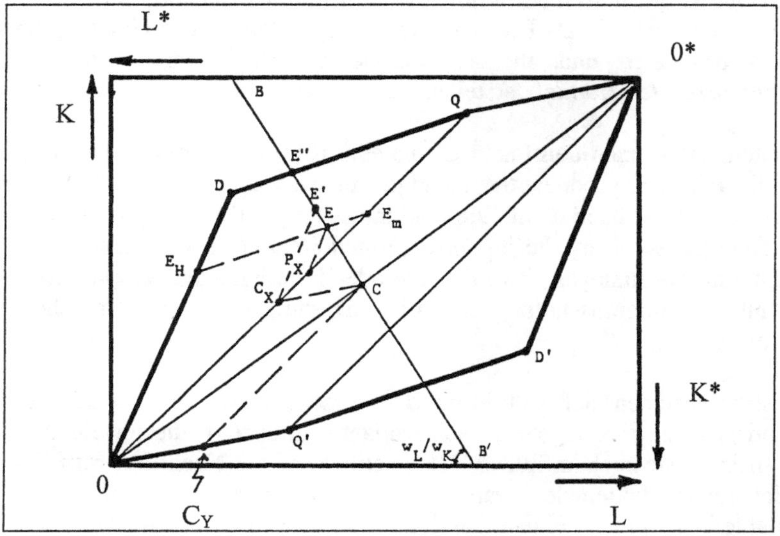

Das Inland stellt seine Faktorausstattung in den durch O*Q bezeichneten Mengen für die Produktion des Gutes y bereit. Mit den Faktormengen QE_M produziert es ohne Headquarter Services differenzierte Produkte der Branche x.

Mit diesem Beispiel gelingt es, die *Vereinbarkeit von Direktinvestitionen mit dem internationalen Faktorpreisausgleich* zu erklären. Wo immer E in dem Dreieck OQD liegt, läßt sich ein internationales Gleichgewicht mit ausländischen Direktinvestitionen im Inland bei einer durch die Steigung von BB' dargestellten Angleichung der Faktorpreise w_L/w_K herleiten.

Eine Besonderheit des dargestellten Ansatzes besteht darin, daß zwischen den Ländern nicht nur interindustrieller Handel, sondern auch intraindustrieller Handel und Intra-Firmen-Handel auftritt. Damit ist die Außenhandelstheorie um Aspekte bereichert, die zunehmende Bedeutung in den internationalen Wirtschaftsbeziehungen haben. Um diese drei Arten des Handels zu erkennen, ist es notwendig, wieder den Punkt C zu betrachten. Da C auf der Linie BB' liegt, die durch E verläuft, ist OC ein Maß für das Auslandseinkommen und O*C ein Maß für das Inlandseinkommen. In C sind, obgleich nun diversifizierte Produkte der Branche x und das homogene Produkt y nachgefragt werden, auch die Nachfragebedingungen der beiden Länder erfüllt.

Wird nun C gemäß einem Kräfteparallelogramm aufgeteilt, so erhält man erstens den Punkt C_y als Faktorausstattung für Mengen des Gutes y, die im Inland produziert und an das Ausland exportiert werden, die mithin *interindustriellen Handel* darstellen.

Zweitens erhält man den Punkt C_x als eine Faktorausstattung, die - ergänzt um die mit C_xE produzierten Headquarter Services - der Produktion der Branche x im Ausland dient. Die Faktorausstattung P_x E erzeugt im Ausland Headquarter Services, die im *Intra-Firmen-Handel* an im Inland gelegene Tochterunternehmungen, Zweigstellen oder Beteiligungen geliefert werden, um mit der Faktorausstattung EE_m differenzierte Produkte der Branche x zu erzeugen.

Es ist zu beachten, daß jede Firma der Branche x , ob im Ausland oder im Inland gelegen, ihre eigene Produktvariante produziert, die jeweils sowohl im Ausland wie auch im Inland Nutzen stiftet und auf Nachfrage trifft. Daher findet mit Produkten der Branche x *intra-industrieller Handel* statt; jede Variante wird nur in einem Land hergestellt, jedoch im Ausland und im Inland konsumiert. Da das Ausland mit der Faktorausstattung OP_x Varianten des Gutes x erzeugen kann, zur Bedienung der Nachfrage aber nur OC_x einsetzt, kann die Differenz P_x - C_x als Repräsentant des ausländischen intraindustriellen Exportüberschusses oder Nettoexport der Branche x betrachtet werden.

Der CHAMBERLIN-HECKSCHER-OHLIN-Ansatz gehört wegen des Handels der Branche x mit diversifizierten Produkten und wegen der Möglichkeit, natürliche Marktunvollkommenheiten durch ausländische Direktinvestitionen zu überwinden und eine Internalisierung inländischer Faktormengen in ausländischen multinationalen Unternehmungen durchzuführen, zur Neuen Außenhandelstheorie. Allerdings ist der Ansatz wegen der Annahmen, auf denen er beruht, beschränkt: Die Nutzen- und Produktionsfunktionen sind speziell, die Kapitalintensität in Headquarter Services muß höher sein als die in der Branche x, diese wieder höher als die für Gut y. Damit Direktinvestitionen stattfinden, muß die Faktorausstattung durch einen Punkt in den schraffierten Bereichen der Abb. 21 beschrieben werden. Die erläuterten internationalen Gleichgewichte sind zudem die einer statischen Theorie, so daß die zeitliche Entwicklung nicht untersucht werden kann.

II.3. Direktinvestitionen und der Produktlebenszyklus

Die zeitliche Entwicklung kommt besser zum Ausdruck in einer Konzeption, die älter als die Neue Außenhandelstheorie ist; sie ist weniger als Modell-Ansatz formalisiert, sondern mehr am empirischen Beispiel USA - Europa - Entwicklungsländer orientiert: der Produktlebenszyklus. Diese Konzeption ist jedoch bereits „moderner" als die neoklassische Außenhandelstheorie, da sie nicht wie der HECKSCHER-OHLIN-Ansatz davon ausgeht, daß ein Gut in jedem Land mit der gleichen Produktionsfunktion hergestellt wird. Vielmehr besitzen die Länder unterschiedliche Fähigkeiten, in einem gegebenen Zeitraum den technischen Fortschritt in vermarktbare Produkte umzusetzen (vgl. JAHRREIß 1984, S. 75).

In der Theorie des Produktlebenszyklus von VERNON (1966) werden drei Phasen unterschieden. In der *ersten Phase* wird ein Produkt zunächst in jenem Ursprungsland (z.B. USA) produziert, wo die Technologie zur Herstellung dieses Gutes die Möglichkeit gibt. Das Gut wird aus Gründen der besseren Kommunikation auch in diesem Land vermarktet. In einer *zweiten Phase* werden Produktionsstandorte, vor allem unter dem Gesichtspunkt niedrigerer Kosten, auch im Ausland (z.B. Europa) ausgewählt; das Gut wird mithin in wachsende Märkte anderer (europäischer) Länder teils exportiert, teils daselbst mittels Direktinvestitionen in eigenen Produktionsanlagen hergestellt. In einer *dritten Phase* kann die Produktion der Güter in andere, noch kostengünstigere Länder (wie z.B. in Entwicklungsländer) verlagert werden. Das Gut kann von dort in die bereits zu einem früheren Zeitpunkt am Produktlebenszyklus beteiligten Länder (USA und Europa) exportiert werden.

VERNON (1974, 1975) hat später seine Vorstellungen vom Produktlebenszyklus um Argumente aus der Industrial-Organization-Theorie zur Schaffung von Oligopol-Eintrittsbarrieren erweitert: In der ersten Phase wirken schon die Vorsprünge der Firma oder der Firmen im Ursprungsland bezüglich der Vermarktung des technisch neuen Produktes wie eine Markteintrittsbarriere. In der zweiten Phase müssen oligopolistische Firmen des Ursprungslands, um nicht jenseits der Markteintrittsbarrieren zu geraten, alle Kostensenkungsmaßnahmen nachvollziehen, so auch Direktinvestitionen in anderen Ländern tätigen. In der dritten Phase kann die Bedeutung der Markteintrittsbarrieren für Direktinvestitionen wieder rückläufig sein (vgl. JAHRREIß 1974, S.78).

Die Produktlebenszyklustheorie ist beispielsweise von WELLS (1972) von drei auf fünf Phasen erweitert worden, die - ähnlich wie bei VERNON - auf einen Zyklus von USA nach Europa und schließlich in Entwicklungsländer bezogen ist. Sie ist in Abb. 23 aus der Sicht der USA dargestellt. Auch in dieser Theorie haben Direktinvestitionen zunächst in Europa und schließlich in Entwicklungsländern ihren Platz.

Die Produktlebenszyklustheorie impliziert insoweit Kritik an der Theorie der Direktinvestitionen, daß nämlich nicht - wie häufig argumentiert wird - die neueste und modernste Technologie von den Direktinvestitionen tätigenden Firmen ins Inland gebracht wird, sondern nur eine bereits bewährte. Manche Autoren argumentieren sogar, daß im Streben nach Verlängerung von Produktlebenszyklen bereits veraltete Technologien von den ausländischen Investoren transferiert werden (vgl. RYMARCZYK/RYMARCZYK 1991, S. 109). Die Verlängerung des Produktlebenszyklus spielt sicher eine wichtige Rolle bei Direktinvestitionen. Es sollte jedoch nicht übersehen werden, daß auch eine bewährte Technologie für eine ausgereiftes Produkt aus einem hochentwickelten Land in einem weniger entwickelten Land positive Wirkungen entfalten kann. Im empirischen Teil wird dann noch gezeigt werden, daß im Zuge der wirtschaftlichen Integration auch Direktinvestitionen in Ländern gleicher Entwicklungsstufe in steigendem Maße stattfinden, wobei auch moderne Technologien transferiert werden.

Abb. 23: Fünf-Phasen-Produktlebenszyklus

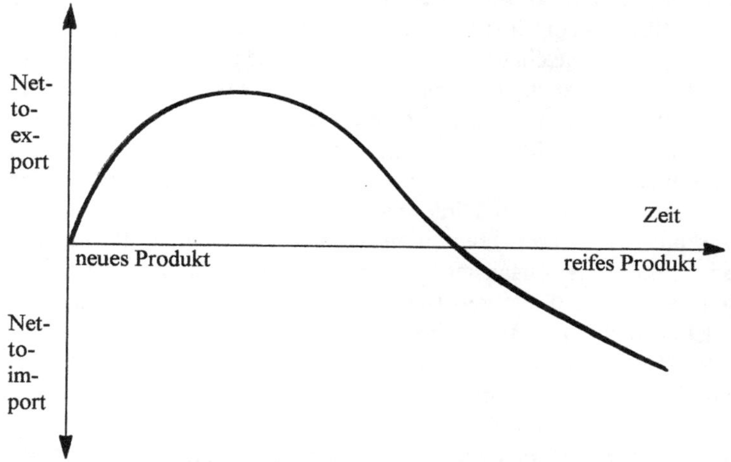

Phase 1	**Phase 2**	**Phase 3**	**Phase 4**	**Phase 5**
gesamte Produktion in den USA	Produktions-aufnahme in Europa			Produktions-aufnahme in Entwick-lungsländern
US-Exporte in andere Länder	US-Exporte vorwiegend in Entwick-lungsländer	Europa exportiert in Entwick-lungsländer, Ende der US-Exporte in Entwick-lungsländer	Europa exportiert in die USA	Entwick-lungsländer exportieren in die USA

Die Produktlebenszyklustheorie ist als Theorie zur Erklärung von Direktinvestitionen auch deshalb kritisiert worden, weil sie sicherlich einige, aber nicht alle Argumente für Direktinvestitionen erläutert. Insbesondere ist sie zu stark auf die Reihenfolge USA - Europa - Entwicklungsländer bezogen; sie ließe sich auch auf eine Reihenfolge USA - Europa - Transformationsländer oder Europa - Japan - südostasiatische Schwellenländer übertragen. Sie übersieht aber die allgemeinen Tendenzen zur Internationalisierung und Integration und die damit aktuell werdende Vorteilhaftigkeit zweiseitiger Direktinvestitionen modernster Technologie zwischen jeweils zwei Ländern.

II.4. Allgemeine makroökonomische Aspekte von Direktinvestitionen

Nachdem in diesem Kapitel über die gesamtwirtschaftliche Analyse von Direktinvestitionen zunächst Direktinvestitionen in der Zahlungsbilanz, dann in der mikroökonomischen gesamtwirtschaftlichen Außenwirtschaftstheorie und schließlich in der internationalen Produktlebenszyklustheorie behandelt wurden, soll im folgenden mit der Analyse von Direktinvestitionen in der makroökonomischen Theorie begonnen werden (vgl. dazu auch PLUM 1995, Kap.3). Zunächst geht es in diesem Abschnitt um allgemeine makroökonomische Aspekte von Direktinvestitionen, nämlich um ihre Finanzierungswirkungen und ihre direkten strukturellen Wirkungen im inländischen Empfängerland. In den nächsten Abschnitten sollen als indirekte Wirkungen die Spillover- und Linkage-Effekte von den durch Direktinvestitionen begründeten multinationalen Firmen auf andere Wirtschaftseinheiten im Empfängerland - und damit auch die Frage des Technologie-Transfers - angesprochen werden. Dem übernächsten Abschnitt bleibt es dann vorbehalten, wieder auf die Frage einzugehen, wie Direktinvestitionen an einem endogenen Wachstum des Empfängerlandes im Sinne der Neuen Wachstumstheorie teilhaben können.

II.4.1. Finanzierungswirkungen von Direktinvestitionen

Wie in Abschnitt II.1.1. dargestellt, sind die ertragsorientierten Portefolioinvestitionen und die auf (Mit-) Eigentümerrechte orientierten Direktinvestitionen die beiden weitaus wichtigsten Posten der Bilanz des langfristigen Kapitalverkehrs eines Landes. Aus der Sicht des Empfängerlandes werden Portefolioinvestitionen den Direktinvestitionen häufig vorgezogen, weil sie keine Eigentümerrechte an den Aktiva des Empfängerlandes, beispielsweise an Produktions- oder Absatzkapazitäten begründen. Damit entfällt für Portefolioinvestitionen auch die tatsächliche oder vermeintliche Gefahr eines „Ausverkaufs der heimischen Wirtschaft" oder eines „Souveränitätsverlustes". Allerdings besteht bei diesen rein finanzwirtschaftlichen Mittelzuführungen die Gefahr, daß sie sich im Empfängerland makroökonomisch vorwiegend als Finanzierung eines Leistungsbilanzdefizits, das möglicherweise hauptsächlich aus Konsumgüterimporten entstanden ist, erweisen. Es könnte also an einer kapazitätsschaffenden Wirkung bei Portefolioinvestitionen fehlen (vgl. DIEKHEUER 1991, S. 114f).

Direktinvestitionen sind im Gegensatz zu Portefolioinvestitionen, wie bereits in Abschnitt II.1.2. erwähnt, mit *realen ökonomischen Vorgängen* verbunden. Diese Vorgänge lassen sich kennzeichnen als

1. Lieferung von Sachkapitalgütern des Auslands oder
2. Kauf von Sachkapitalgütern im Inland, mit denen der inländische Teil einer multinationalen Firma entsteht, oder
3. Kauf von Aktien oder sonstigen Eigentümeranteilen, mit denen eine bereits bestehende inländische Firma ganz oder teilweise in die multinationale Firma eingegliedert wird.

Direktinvestitionen sind mithin stets darauf ausgerichtet, Sachkapital und damit Kapazität für Produktion, Absatz oder Beschaffung im inländischen Empfängerland zu errichten oder zu erwerben.

In der Regel sind Direktinvestitionen auf Dauer oder sehr langfristig orientiert, so daß als *finanzielle Konsequenzen* weniger Rückzahlung oder Tilgung aktuell sind. Allerdings entsteht die Frage, ob Gewinne aus den Direktinvestitionen

- ins Ausland transferiert werden,
- zur weiteren investiven Verwendung im Inland belassen werden, oder
- jeweils nach der im Vergleich zum Ausland höheren oder niedrigeren Besteuerung im Inland manipuliert werden (z.B. könnten die Gewinne im Inland durch teuer angesetzte Importe von dem ausländischen zum inländischen Teil der multinationalen Unternehmung reduziert werden).

Wenn die Fragen des Gewinntransfers und der Gewinnmanipulation hier ausgeklammert werden, bleibt festzustellen, daß die ausländische Investor-Firma die realen Vorgänge bei Direktinvestitionen entweder im Ausland oder im Inland finanzieren kann. Es wurde bereits in Abschnitt II.1.2. darauf hingewiesen, daß bei der doppelten Verbuchung in der Zahlungsbilanz des Auslands eine der Buchungen den reale Vorgang, die andere Buchung die Finanzierung dieses Vorgangs zum Gegenstand hat.

Im oben angesprochenen Fall 1. ist der Warenexport der Sachkapitalgüter des Auslands ins Inland der realwirtschaftliche Vorgang. Die Finanzierung dieses Vorgangs ist das, was als Direktinvestition in Erscheinung tritt. Soweit die Finanzierung am Kapitalmarkt des direkt investierenden Auslands erfolgt, sind dort die üblichen makroökonomischen Wirkungen zu erwarten. Es könnte zu einem Zinsanstieg kommen, der andere ausländische

Investitionen verdrängen und/oder einen Import von Geldkapital, z.B. von Portefolioinvestitionen, auslösen kann. Ob diese Finanzierungswirkungen im Ausland spürbar sind, hängt selbstverständlich von der Höhe der Direktinvestition, aber auch von der Größe des Kapitalmarktes ab.

In den Fällen 2. und 3. kann der Kauf von Sachkapitalgütern bzw. von Aktien oder sonstigen Eingentümeranteilen im Inland entweder durch einen *monetären Transfer vom Ausland ins Inland* oder durch eine *Kreditaufnahme am Kapitalmarkt des Inlands* erfolgen. Die Wirkungen des monetären Transfers im Ausland seien hier vernachlässigt. Wir konzentrieren uns vielmehr bei beiden Finanzierungsarten auf die Wirkungen im Inland.

Abb. 24: Finanzierungswirkungen von Direktinvestitionen im Inland durch Kauf inländischer Sachkapitalgüter oder Eigentümeranteile

<table>
<tr><th colspan="4">Finanzierung durch</th></tr>
<tr><td colspan="2">monetären Transfer vom Ausland ins Inland</td><td colspan="2">Kreditaufnahme im Inland</td></tr>
<tr><td rowspan="2">↓
bei festem Wechselkurs
↓
sinkender Inlandszinssatz
↓
steigende inländische Investitionsnachfrage
↓
(Abschwächung der Wirkung durch sinkenden Kapitalimport)</td><td rowspan="2">↓
bei flexiblem Wechselkurs
↓
Aufwertung der Inlandswährung
↓
Verschlechterung der inländischen Leistungsbilanz</td><td colspan="2">↓
steigender Inlandszinssatz
↓
Verdrängung inländischer Investitionsnachfrage
↓ ↓</td></tr>
<tr><td>bei festem Wechselkurs
↓
(Abschwächung der Wirkung durch steigenden Kapitalimport)</td><td>bei flexiblem Wechselkurs
↓
Abwertung der inländischen Währung
↓
Verbesserung der inländischen Leistungsbilanz</td></tr>
</table>

Bei normalen Reaktionen auf dem Kapitalmarkt, dem Devisenmarkt und den Gütermärkten des Inlands lassen sich die Finanzierungswirkungen von Direktinvestitionen im Inland wie in Abb. 24 skizziert beschreiben. Die Abbildung ist an den verbalen Ausführungen von DIECKHEUER (1991, S. 126) orientiert.

Bemerkenswert ist insbesondere, daß beide Arten der Finanzierung von Direktinvestitionen im inländischen Empfängerland ganz *unterschiedliche Wirkungen* auf die inländischen Gütermärkte haben. Bei festem Wechselkurs steigt bei monetärem Transfer die Investitionsnachfrage, bei Kreditaufnahme sinkt sie. Bei flexiblem Wechselkurs verschlechtert sich bei monetärem Transfer die Leistungsbilanz, d.h. die Güter- und Dienstleistungsnachfrage als Saldo aus Exporten und Importen geht zurück; bei Kreditaufnahme im Inland nimmt sie zu. Diese unterschiedlichen Veränderungen auf den inländischen Güter- und Dienstleistungsmärkten haben ihre Rückwirkungen auf Produktionsstruktur und Beschäftigung.

II.4.2. Direkte strukturelle Wirkungen von Direktinvestitionen

Als direkte strukturelle Wirkungen sollen im folgenden die Wirkungen von Direktinvestitionen auf Vorleistungen und Ressourcen, auf die Substitution von Importen sowie auf Technologie und Faktorintensität angesprochen werden.

II.4.2.1. Vorleistungs- und Ressourcenbedarf

Werden die Direktinvestitionen, die zusätzliche Kapazitäten im Inland schaffen, als *additive*, und diejenigen, die nur einen Eigentümerwechsel zum Inhalt haben, als *substitutive* Direktinvestitionen bezeichnet (vgl. DIEKHEUER 1991, S. 126 und PLUM 1995, S. 9 ff.), so entsteht zusätzlicher Bedarf an *Vorleistungen und Ressourcen* insbesondere bei den additiven Direktinvestitionen. Allerdings bedeutet bei den substitutiven Direktinvestitionen der Wechsel von inländischem zu ausländischem (Mit-) Eigentümer mit Headquarter-Management-Leistungen aus dem Ausland in der Regel, daß die äußerlich gleiche Kapazität im Inland nun effizienter produziert und damit auch einen höheren Bedarf an Vorleistungen von anderen Firmen und Ressourcen wie spezialisierten Arbeitskräften und Rohstoffen haben kann. Ein veränderter Ressourcen- und Vorleistungsbedarf gilt insbesondere auch dann, wenn mit additiven oder substitutiven Direktinvestitionen eine neue Technologie eingeführt oder das Produktionsprogramm umgestellt wird.

Gerade in diesem letzteren Fall sind Aussagen über eine Zunahme des Vorleistungs- und Ressourcenbedarfs nicht allgemein möglich. Dagegen impliziert eine Änderung der Technologie auch eine Änderung des Vorleistungs- und Ressourcenbedarfs. Am Beispiel des Faktors Arbeit wird im Zusammenhang mit der Neuen Wachstumstheorie in Abschnitt II.5.3. verdeutlicht, daß Direktinvestitionen zweifellos einen Bedarf an verbesserter Qualität der Arbeit und damit eine endogene Humankapitalbildung bedeuten.

II.4.2.2. Substitutive und komplementäre Direktinvestitionen

Eine in der Literatur häufig diskutierte Frage ist, ob Direktinvestitionen den Außenhandel ersetzen oder ergänzen, ob also beide in einem *Substitutions-* oder *Komplementaritätsverhältnis* zueinander stehen (vgl. dazu z.B. PFAFFERMAYR 1996, S. 157 ff. und die dort angegebene Literatur).

Betreibt eine ausländische Firma *tariff jumping*, sollen also mit Direktinvestitionen inländische Zölle oder andere Handelshemmnisse überwunden werden, so ist es explizite das Ziel, Exporte vom Ausland ins Inland durch inländische Produktion zu ersetzen. Das auf diese Weise unwirksame Instrument der Handelshemmnisse wird dann vom Inland häufig dadurch ersetzt, daß mit „local-content"-Vorschriften der multinationalen Firma vorgeschrieben wird, möglichst viele Vorleistungen und Ressourcen für ihre Produktion im Inland zu beziehen. Dadurch wird verhindert, daß insbesondere Vorleistungen von der multinationalen Firma im Intra-Firmenhandel vom Ausland bezogen werden, die zwar auch den inländischen Zöllen unterworfen wären, aber im Sinne des Protektionismus noch besser vom Inland bereitgestellt werden.

Ob Direktinvestitionen einer multinationalen Firma bisherige Exporte des Auslands ersetzen, ob also die Direktinvestitionen aus der Sicht des Empfängerlandes ein Substitut für Importe sind, hängt vor allem von der *internationalen Handelbarkeit* von Gütern und Dienstleistungen ab. Für nicht-handelbare Güter und Dienstleistungen gibt es ex definitione keine Ersetzung; mit Direktinvestitionen im Inland produzierte nicht-handelbare Güter und Dienstleistungen müssen daher natürlicherweise komplementär zum bisherigen Außenhandel sein.

Aus der Sicht der Handelbarkeit wird argumentiert, daß der Sektor des *verarbeitenden Gewerbes*, z.B. Maschinenbau, Kraftfahrzeugbau und Elektronik, handelbare Güter produziert; daher könnten Direktinvestitionen insbesondere in diesem Sektor des Inlands ein Substitut für Exporte des Auslands bzw. Importe des Inlands sein (vgl. DIECKHEUER 1991, S. 130). Vor allem, wenn die Direktinvestitionen nicht nur einen Eigentümerwechsel bedeuten, sondern additive Produktionskapazitäten im Inland schaffen, könnte der Wechsel von Importen zur Produktion einer inländischen Tochter oder Zweigniederlassung einer ausländischen multinationalen Unternehmung eine Verbesserung der Leistungsbilanz sowie einen multiplikativen Effekt der Direktinvestitionen auf Einkommen und Beschäftigung inländischer Produktionsfaktoren zur Folge haben. Nicht zu vergessen sind auch hier die mit den Direktinvestitionen im Inland zu erwartenden Verbesserungen der Technologie innerhalb der multinationalen Unternehmung, welche die Effekte verstärken können.

Abgesehen von der Verbesserung der Leistungsbilanz treten die genannten Effekte jedoch auch auf, wenn die Direktinvestitionen ausländische Exporte ins Inland nicht ersetzen, wenn ihre Wirkungen vielmehr komplementär zu ihnen sind. Die multiplikativen Effekte der Direktinvestitionen auf Einkommen und Beschäftigung, noch dazu bei Verbesserung der Technologie, können - wegen erhöhter Importe - zwar die Leistungsbilanz negativ beeinflussen. Insgesamt fördern jedoch die zu den Importen vom Ausland komplementären Direktinvestitionen Wachstum und Internationalisierung des Inlands stärker als zu Importen substitutive Direktinvestitionen.

Da für *Dienstleistungen* im Durchschnitt ein geringerer Grad der internationalen Handelbarkeit zutrifft, scheint für diesen Sektor ein geringerer Grad der Substitution von Außenhandel durch Direktinvestitionen gegeben zu sein. Gerade hier kann von Direktinvestitionen eine zum Außenhandel komplementäre Dienstleistungsproduktion im Inland erwartet werden, z.B. von internationalen Banken und Versicherungen. Deren Wirkungen auf Einkommen und Beschäftigung, insbesondere bei verbesserter Technologie, sind nicht geringer als die im verarbeitenden Gewerbe einzuschätzen.

II.4.2.3. Technologie und Faktorintensität

In den bisherigen Ausführungen wurde bereits darauf hingewiesen, daß mit Direktinvestitionen multinationaler Unternehmungen regelmäßig auch die Technologie früher selbständiger Töchter oder Zweigniederlassungen verbessert wird. Verbesserte Produktionsverfahren und Änderungen der produzierten Güter und Dienstleistungen sind selbst dann möglich, wenn durch Direktinvestitionen keine neuen Kapazitäten im Inland entstehen, wenn vielmehr die bisherigen Kapazitäten mit Headquarter-Leistungen aus den Zentralen der multinationalen Unternehmungen im Ausland effizienter genutzt werden. Sie sind insbesondere dann zu erwarten, wenn Direktinvestitionen additiv sind, d.h. mit einer Vergrößerung der Kapazitäten sich der Einfluß der Headquarter Services besonders stark, auch mit zunehmenden Skalenerträgen, durchsetzen kann.

Wenn mit Direktinvestitionen - sei es im verarbeitenden Gewerbe oder im Dienstleistungsbereich - die Kapazitäten im Inland durch zusätzliches Sachkapital vergrößert werden, steigt bei gegebener Beschäftigung des Faktors Arbeit das Verhältnis von Sachkapital zu Arbeit, also die durchschnittliche *Kapitalintensität* der Inlandsproduktion. Unter der Voraussetzung der HECKSCHER-OHLIN-Außenhandelstheorie und konstanten Güterpreisen gilt dann das RYBCZYNSKI-Theorem: Die Produktion der mit hoher Kapitalintensität zu erzeugenden Güter nimmt (hier als Folge der Direktinvestitionen) zu, die der mit geringer Kapitalintensität - also hoher *Arbeitsintensität* - herzustellenden Güter geht zurück (vgl. DIECKHEUER 1991, S.132; RYBCZYNSKI 1965). Auch unter weniger restriktiven Voraussetzungen dürfte sich die Produktionsstruktur des Direktinvestitionen erhaltenden Empfängerlandes zugunsten der kapitalintensiver produzierten Güter verändern.

Es reicht allerdings nicht aus, nur mit den Faktoren Sachkapital und Arbeit im herkömmlichen Sinne zu argumentieren. Unter Berücksichtigung der Headquarter Services von den Zentralen multinationaler Firmen im Ausland ist im Inland auch mit einer qualitativen Verbesserung der Faktoren in Richtung höherer „*Skill- und Forschungsintensität*“ (vgl. PFAFFERMAYR 1996, S. 143) zu rechnen.

Bezüglich der Folgen dieser direkten strukturellen Wirkungen von Direktinvestitionen für Einkommen und Beschäftigung des Inlands kommt es darauf an, wie stark die inländischen Töchter oder Zweigniederlassungen von multinationalen Unternehmungen selbst Vorleistungen und Ressourcen importieren, inwieweit sie selbst ihre Produkte exportieren und durch die Internationalisierung wettbewerbsfähiger werden. Allgemeine Aussagen sind hier kaum möglich, und es interessieren auch eher die Folgen unter Einbeziehung der im nächsten Abschnitt zu behandelnden indirekten Wirkungen von Direktinvestitionen in der Form von Linkages und Spillover-Effekten im Inland.

II.4.3. Linkages und Spillover-Effekte von Direktinvestitionen

In diesem Abschnitt sollen Linkages zu anderen und Spillover-Effekte auf andere Wirtschaftseinheiten diskutiert werden, die von den durch Direktinvestitionen entstandenen Töchtern, Zweigniederlassungen oder Beteiligungen ausländischer multinationaler Firmen ausgehen. Einerseits können multinationale Firmen über die integrierten inländischen Firmenteile

- neue und bessere Produkte auf den inländischen Markt bringen und damit die Nachfrage beleben,
- über die Grenzen hinweg Informationen, Wissen und Erfahrungen mit neuen Managementmethoden ins Inland bringen, die auch von anderen Firmen genutzt werden können,
- das unternehmerische Potential und den Wettbewerb mit anderen Firmen fördern.

Diese Wirkungen erreichen andere Wirtschaftseinheiten teils über Märkte, teils als externe Effekte; sie tragen tendenziell zu einem höheren Einkommen und zu mehr Beschäftigung im Inland bei.

Andererseits können multinationale Firmen, wenn sie Monopolisten oder Oligopolisten sind, die in der Transaktionskostentheorie der Direktinvestitionen beschriebenen strukturellen Marktunvollkommenheiten nutzen, um im Inland monopolistische Kontrolle auf ihren Absatz- und Beschaffungsmärkten ausüben, so daß zwar die im Vorabschnitt beschriebenen direkten Strukturwirkungen bestehen, die Linkages und Spillover-Effekte per saldo aber nicht unbedingt nur positive Folgen für Einkommen und Beschäftigung haben. Nicht zu vergessen ist, daß zu den negativen Folgen auch ein tatsächlicher oder so empfundener Souveränitäts- und Autonomieverlust des Inlands gehören kann.

Eine negative Beurteilung erfahren Linkages und Spillover-Effekte in einer zuerst von SINGER (1950, S. 473-485) formulierten These. Danach verhindern multinationale Unternehmungen in Entwicklungsländern die Ausbreitung von neuen Technologien und neuem Wissen und versuchen, in dem von ihnen beherrschten Sektor des Inlands ihre monopolistische Strategie zu verfolgen. Ihre Gewinne transferieren sie, möglichst noch unter Mitnahme inländischer Subventionen, ins Ausland (vgl. DIECKHEUER 1996, S. 134). Diese in der SINGER-These und ähnlichen Ansätzen vertretenen Auffassungen können in einzelnen Fällen, insbesondere in ehemaligen Kolonialländern und politisch schwachen Nachfolgeländern, zugetroffen haben, dürften heute aber weitgehend überwunden sein. Sie treffen sicher nicht zu für Staaten mit einer entwickelten politischen Souveranität und Autonomie, wie sie in den fortgeschrittenen Transformationsländern erreicht wurde.

Genau genommen sind *Linkages* die *Beziehungen zu anderen Wirtschaftseinheiten* und *Spillover-Effekte Übergreifwirkungen auf andere Wirtschaftseinheiten*. Damit Übergreifwirkungen stattfinden können, müssen Beziehungen bestehen. Die Literatur differenziert jedoch nicht genau zwischen beiden. Nach DUNNING (1994, Chapter 16) lassen sich unterscheiden:

- Upstream Linkages zu Lieferanten,
- Downstream Linkages zu Kunden,
- Horizontale Linkages zu Konkurrenten und daneben noch
- allgemeine Spillover-Effekte, die über den eigenen Lieferanten-, Kunden- und Konkurrentenkreis hinausgehen.

II.4.3.1. Upstream Linkages zu Lieferanten

Upstream Linkages sind Beziehungen zu im Produktionsprozeß vorgelagerten Wirtschaftseinheiten, die unter Transaktionskosten-Kriterien nicht eng genug sind, um eine vertikale Rückwärtsintegration lohnend erscheinen zu lassen. Es liegt also keines der in Abb. 3 angesprochenen Marktversagen vor; eine „Make or buy“-Entscheidung ist bereits zugunsten des „buy“ gefallen. Anders als DUNNING (1994, S. 448) selbst kann man hier auch keinen Intra-Firmen-Import von der „parent company“ diskutieren, denn die ausländische multinationale Firma hat ja eine vertikale Vorwärtsintegration des inländischen Teils der Firma vorgenommen, so daß kein Upstream Linkage zu einer anderen Wirtschaftseinheit besteht.

Sowohl die inländischen als auch die zu anderen Firmen des Auslands führenden Upstram Linkages sind umso stärker, je mehr durch die Direktinvestition zusätzliche Kapazitäten des inländischen Teils der multinationalen Firma entstanden sind. Aber selbst wenn die Direktinvestition nur in der Übernahme inländischer Kapazität besteht, kann die Neuorganisation oder die Modernisierung des Produktionsprogramms zusätzliche Upstream Linkages schaffen. Je mehr inländische Linkages entstehen und je wertschöpfender diese sind, desto höher ist ihr Beitrag zum inländischen Einkommen und zur inländischen Beschäftigung. Je stärker die

Bedeutung ausländischer Upstream Linkages, desto mehr importiert das Inland, desto größer ist die Belastung seiner Zahlungsbilanz.

Die Bedeutung von Upstream Linkages erschöpft sich nicht in markt-internen Beziehungen zwischen dem inländischen Teil der multinationalen Unternehmung und ihren Lieferanten. DUNNING (1994, S. 455 f.) führt auch Informations-Linkages sowie Linkages an, die mit einer nicht-marktlichen Hilfe für vorgelagerte Firmen verbunden sind, also z.B. technische, finanzielle oder Management-Hilfe. Solche Linkages sind wichtige Teile der *Externalitäten*, die Direktinvestitionen im Empfängerland schaffen.

II.4.3.2. Downstream Linkages zu Kunden

Downstream Linkages sind Beziehungen zu im Produktionsprozeß nachgelagerten Wirtschaftseinheiten, die jedoch keine vertikale Vorwärts-integration aufgrund eines Marktversagens nahelegen. Aus der Sicht der Firma handelt es sich um Beziehungen zu ihren Kunden, worunter jedoch nicht nur Endverbraucher, sondern auch Weiterverarbeiter oder Vermarkter von Produkten zu verstehen sind. Besonders zu erwähnen sind hier auf Dauer gewährte Informationen und Anleitungen zum Gebrauch technisch anspruchsvoller Geräte, wie sie beispielsweise für Maschinen oder Computer üblich sind. Die Kunden, zu denen die Downstream Linkages verlaufen, können im Inland oder im Ausland ansässig sein; im letzteren Fall verbinden sich Linkages mit einer exportorientierten Produktion des durch Direktinvestition entstandenen inländischen Teils der multinationalen Unternehmung. Je mehr zusätzliche Kapazitäten durch die Direktinvestition entstanden sind, desto umfangreicher ist regelmäßig das Geflecht ihrer Downstream Linkages. Auch wenn die Direktinvestition nur in einer Übernahme inländischer Kapazitäten besteht, können Neuorganisation und Modernisierung des Produktionsprogramms zusätzliche Downstream Linkages entstehen lassen. Sie tragen, auch wenn sie parallel zum Export ins Ausland gerichtet sind, zum Einkommen und zur Beschäftigung im Inland bei.

Wie die Upstream Linkages sind auch die Downstream Linkages nicht nur Begleiter marktlicher Beziehungen zwischen dem inländischen Teil der multinationalen Unternehmung und ihren Kunden. Beispielsweise können die durch Marketing geschaffenen Informationen und ihr Einfluß auf potentielle Kunden als *Externalitäten* von Direktinvestitionen im Empfängerland gesehen werden.

II.4.3.3. Horizontale Linkages

Horizontale Linkages sind Beziehungen zu Wirtschaftseinheiten auf der gleichen Stufe des Produktionsprozesses, also zu Konkurrenten, die die gleichen oder ähnliche Produkte anbieten. Wird durch Direktinvestitionen erstmals Kapazität für das Angebot bestimmter Güter im Inland geschaffen, so verbindet sich damit der Markteintritt der multinationalen Firma. Im Fall eines neuen Gutes sind mit horizontalen Linkages dann die Beziehungen zu potentiellen Konkurrenten oder SCHUMPETERschen Imitatoren gemeint. Im Falle eines Oligopols ist Gegenstand der Beziehung die oligopolistische Interdependenz, die in Abschnitt I.3.4. angesprochen wurde und beispielsweise im heterogenen Preis-Duopol die Reaktion des Konkurrenten auf die eigene Preissetzung meint.

Insbesondere im Oligopol ist es nicht nur die auf „natürlichen Marktunvollkommenheiten“ basierende Internationalisierung der Produktion durch den inländischen Teil der multinationalen Firma, die Effizienzvorteile schafft und damit auch positiv zu bewertende horizontale Linkages, die den Wettbewerb im Inland fördern. Es sind vielmehr auch auf „strukturellen Marktunvollkommenheiten“ beruhende strategische Überlegungen, aus denen die Beteiligung der multinationalen Unternehmung am inländischen Wettbewerb resultiert (vgl. Abschnitt I.2.3.). Während in den früher diskutierten einfachen Duopolmodellen die Reaktion im COURNOTschen Modell eine Mengenreaktion und die im BERTRANDschen Modell eine Preisreaktion war, können im allgemeineren Fall die horizontalen Linkages auch darin bestehen, daß Konkurrenten mit einer zusätzlichen Produktdifferenzierung, mit Qualitätsverbesserungen oder mit neuen Marketingaktivitäten reagieren.

Die Bedeutung horizontaler Linkages liegt allerdings nicht nur im speziellen Reaktionsverhalten von Wettbewerbern des inländischen Teils der multinationalen Unternehmung, sondern auch im allgemeinen wettbewerblichen Handeln, welches sie als *Externalität* fördert.

II.4.3.4. Allgemeine Spillover-Effekte

Allgemeine Spillover-Effekte sind nach DUNNING (1994, S. 469 f.) solche Linkage-Beziehungen, die nicht nur die eigenen Lieferanten, Kunden und Konkurrenten betreffen, sondern in die Lebensbereiche der Arbeit und des Management, in Wirtschaftsvereinigungen, Forschungsverbünde und insbesondere in das öffentliche Ansehen und die Kultur von Unternehmungen hineinwirken. Die multinationale Firma, die im Inland Direktinvestitionen tätigt und dadurch Kapazitäten übernimmt oder neu schafft, kann mit ihren „philosophies und strategies“ einen sehr weitgehenden Einfluß auf die inländischen „modes of thinking and doing business“ (DUNNING 1994, S. 470) haben. Zum einen sind es die Arbeitsbedingungen der in multinationalen Firmen tätigen Menschen, welche als Leitbild auf andere Firmen im Inland übergreifen können. Zum anderen werden die allgemeinen Spillover-Effekte auch dadurch wirksam, daß Menschen ihren Arbeitsplatz oder ihr Tätigkeitsfeld wechseln. Wie die beschriebenen Wirkungen von Upstream und Downstream Linkages sind die allgemeinen Spillover-Effekte die Grundlage von *Externalitäten*, die von den inländischen Töchtern, Zweigniederlassungen und Beteiligungen multinationaler Firmen ausgehen.

II.5. Der Beitrag von Direktinvestitionen zum endogenen Wachstum nach der Neuen Wachstumstheorie

Die Neue Wachstumstheorie entstand als Wiederbelebung der älteren Theorien optimalen Wachstums in den 80-er Jahren; wichtige Beiträge dazu stammen von ROMER (1986) und LUCAS (1988). Es handelt sich um eine Theorie optimalen Wachstums, in welcher der technische Fortschritt endogen innerhalb des Modells erklärt und mit zunehmenden Skalenerträgen in Zusammenhang gebracht wird. Wie die ältere Wachstumstheorie ist dieser Ansatz normativ, zeigt also nur die Möglichkeiten des Wachstums bei Vollbeschäftigung aller Faktoren auf und nicht die Schwierigkeiten, die einer Realisierung dieses Wachstums, z.B. durch Freisetzung von Arbeitskräften, entgegenstehen können.

Die formalen Modelle der Neuen Wachstumstheorie sind noch nicht unter Einbeziehung der Außenwirtshaft auf Direktinvestitionen angewendet worden. Es liegt jedoch nahe, daß durch ausländische Direktinvestitionen entstandene inländische Teile von multinationalen Unternehmungen aufgrund von

- Headquarter Services, die sie von der ausländischen Zentrale erhalten,
- oder Linkages und Spillover-Effekten, die von ihnen ausgehen,

im Inland ähnliche Wirkungen ausgehen, wie sie von der Neuen Wachstumstheorie als endogener technischer Fortschritt beschrieben werden. Es lohnt sich daher, auf die Neue Wachstumstheorie einzugehen und den Versuch zu unternehmen, Direktinvestitionen als eine Art der Internationalisierung zu deuten, der auch zum endogenen Wachstum des Inlands beitragen kann.

II.5.1. Grundlage der Neuen Wachstumstheorie: Learning by Doing und Learning by Schooling

Basis der Neuen Wachstumsthorie ist ein neoklassisches Modell optimalen Wachstums von RAMSEY (1928), das hier nach SCHUMANN (1969, S. 26 ff.) erläutert wird. Das Wachstum ist optimal, wenn die Aufteilung des Sozialproduktes auf Konsum und Investition in jeder Periode so erfolgt, daß die *Summe der Nutzen* aus gegenwärtiger Periode und allen zukünftigen - auch unendlich fernen - Perioden ein *Maximum* wird. Mit der Zeit als kontinuierlicher Variable soll also das Integral über die Nutzen aller Perioden maximiert werden. Die Nutzen hängen von den Konsummengen ab, die selbst eine Funktion der Zeit sind. Die Maximierung der Nutzenfunktion erfolgt unter der Nebenbedingung, daß in jeder Periode die Produktionsfunktion erfüllt ist, nach der das Sozialprodukt von der eingesetzten Arbeit und vom Sachkapital abhängt.

Wenn der Betrachtung immer weitere Perioden angefügt werden können, in denen mit zusätzlicher Produktion immer noch zusätzlicher Nutzen erzielt wird, hat das Integral über die Nutzen kein endliches Maximum, so daß der optimale Wachstumspfad des Sozialproduktes noch nicht bestimmt werden kann. Dies ist jedoch der Fall, wenn erstens der Grenznutzen auf null fällt, also weiteres Wachstum nicht lohnt, die Investition und damit die Kapitalakkumulation aufhört und das gesamte Sozialprodukt verbraucht wird. Dies ist auch der Fall, wenn zweitens die Grenzproduktivität des Sachkapitals auf null fällt; auch dann lohnt es sich nicht, weiter zu investieren. Entweder mit *Nutzensättigung* oder mit *Kapitalsättigung* läßt sich also der Pfad optimalen Wachstums ableiten, auf dem die Wachstumsraten des Sozialprodukts, der Investition und des Konsums von positiven Werten schließlich auf null absinken.

Während RAMSEY selbst von konstanter Bevölkerung und gegebener Technik ausging, modifizierten seine Nachfolger die Produktionsfunktion, indem sie dort exogenes Wachstum der Arbeit und exogenen „arbeitsvermehrenden" technischen Fortschritt einführten. Mit einer solchen Art des Fortschritts ist nicht impliziert, daß mehr Arbeit beschäftigt wird. Vielmehr wirkt der technische Fortschritt so, daß mit der gleichen Arbeit mehr produziert werden kann - so, als hätten sich Bevölkerung und Arbeitspotential vergrößert. Nicht in allen Fällen wurde dadurch erreicht, daß man auf die Annahme der Nutzensättigung oder die der Kapitalsättigung verzichten konnte und/oder daß die Wachstumsraten, die sich schließlich als „steady state" einstellten, auf positiven Werten blieben statt auf null abzusinken.

Eine Möglichkeit, dies zu erreichen, ist die Einführung *endogenen technischen Fortschritts*, d.h. die Entwicklung neuen Wissens und dessen Umsetzung in neue Produkte und Produktionsverfahren. Damit verbinden sich jedoch zwei Probleme (vgl. MEYER, MÜLLER-SIEBERS, STRÖBELE 1998, S. 138):

- Neues Wissen wird durch Investitionen geschaffen, die mit Kosten verbunden sind. Entweder Patentschutz oder Schwierigkeiten in der Übernahme des Wissens durch andere erlauben es den Investoren, die Kosten zu decken und Gewinn zu erzielen. Gäbe es keine Möglichkeit, andere von der Nutzung auszuschließen, fehlte der Anreiz, neues Wissen hervorzubringen.
- Neues Wissen kann, wenn Exklusion anderer nicht möglich ist, immer wieder ohne zusätzliche Kosten genutzt werden. Es besteht also keine Rivalität in der Anwendung; das Wissen steht grundsätzlich als Externalität allen zur Verfügung. Die Produktionsfunktion könnte in den Faktoren Arbeit und Sachkapital beispielsweise linear-homogen sein und konstante Skalenerträge haben, in der Nutzung neuen Wissens jedoch steigende Skalenerträge hervorbringen.

Im Wachstumsmodell von ROMER (1986) wird der technische Fortschritt einer Volkswirtschaft fest an die Sachkapitalakkumulation und damit an die Investitionsentscheidungen gebunden, wobei für das Sachkapital die Exklusion durchsetzbar ist, so daß solche Investitionen gewinnbringend sind. Jedoch: „Mit jeder Investition in eine neue Maschine, Anlage oder ähnliches wird komplementär das Wissen der Beschäftigten erweitert" (MEYER, MÜLLER-SIEBERS, STRÖBELE 1998, S. 140). Durch *Learning by Doing* im Umgang mit neuem Sachkapital wird bei den Arbeitskräften *Humankapital* gebildet. Die Exklusion dieses zusätzlichen Wissens ist nicht möglich. Die Leistungen des Humankapitals stehen der Volkswirtschaft ohne zusätzliche Kosten als Externalität zur Verfügung. Sie erzeugen zunehmende Skalenerträge. Die Grenzproduktivität des Sachkapitals wird durch diesen externen Effekt nicht auf null absinken, so daß keine

Kapitalsättigung eintritt und das Wachstum auch in einem schließlich angesteuerten „steady state" nicht auf null fällt.

Im Wachstumsmodell von LUCAS (1988) ist die Akkumulation des Humankapitals nicht an die des Sachkapitals gekoppelt, vielmehr entscheiden die Arbeitskräfte, welchen Teil der Arbeitszeit sie in der Produktion einsetzen und welchen restlichen Teil der Arbeitszeit sie für die Bildung von Humankapital durch *Learning by Schooling* verwenden. Humankapitalleistungen sind hier also kein externer Effekt. Ist H der Humankapitalbestand, H' seine zeitliche Veränderung, (1-n) die für die Humankapitalbildung eingesetzte Arbeitszeit, q eine Konstante, so läßt sich

$$H' = qH\,(1-n) \qquad \text{mit} \qquad 0 < n < 1$$

als Produktionsfunktion für zusätzliches Humankapital mit den Faktoren „Humankapital" (H) und „Arbeitszeit" (1-n) auffassen. Diese Produktionsfunktion ist ebenso wie die Produktionsfunktion für Güter als Nebenbedingung der Maximierung der Nutzenfunktion aufzufassen. Multipliziert man jeden Faktor auf der rechten Seite mit λ, so ist die linke Seite mit λ^2 zu multiplizieren; die Bereitstellung zusätzlichen Humankapitals erfolgt aufgrund eines Homogenitätsgrades von 2 also mit stark zunehmenden Skalenerträgen.

Der endogene technische Fortschritt resultiert hier aus dem Zusammenwirken des Humankapitals mit dem Sachkapital in der Produktion von Gütern. Selbstverständlich kann die als „normale" Arbeit in der Güterproduktion eingesetzte Zeit auch mit exogenem „arbeitsvermehrendem" technischen Fortschritt verbunden sein. Auch in diesem Modell kann, da das Humankapital eine positive konstante Grenzproduktivität hat, keine Sättigung mit Humankapital eintreten, so daß auch hier das Wachstum in einem sich schließlich einstellenden „steady state" nicht auf null fällt.

II.5.2. Anwendung auf Direktinvestitionen

Wie bereits bemerkt, sind Direktinvestitionen bisher noch nicht in die formalen Modelle der Neuen Wachstumstheorie einbezogen worden; diese wurden vielmehr als makroökonomische Modelle für geschlossene Volkswirtschaften entwickelt, die - außer Humankapital - nur ein Gut produzieren, welches entweder als Konsumgut oder als Investitionsgut zum Sozialprodukt beiträgt. Es gibt in diesen Modellen keinen Export oder

Import von Gütern und Dienstleistungen; ebensowenig gibt es Geldkapitalverkehr über die Grenzen hinweg, mit dessen Hilfe eine Beteiligung ausländischer Unternehmungen an inländischen Firmen finanziert werden könnte.

Dennoch lassen sich die Wirkungen abschätzen, die Direktinvestitionen des Auslands im Inland haben. Diese gehen vor allem von den in Abschnitt II.2.2. beschriebenen Headquarter Services der ausländischen Zentrale multinationaler Unternehmungen auf inländische Töchter, Zweigniederlassungen und Beteiligungen sowie von den in Abschnitt II.4.3. erläuterten Linkages und Spillover-Effekten aus.

Im ROMER-Modell ist der technische Fortschritt an die Sachkapitalakkumulation, und an diese ist wieder die Bildung von Humankapital durch Learning by Doing als externer Effekt gekoppelt. Wenn das Ausland durch Direktinvestitionen inländische Produktionskapazitäten schafft oder erwirbt und mit ausländischen Headquarter Services kombiniert, so trägt das Ausland - falls es mit diesen Services eine fortschrittliche Technik anwendet - zum Technologietransfer bei. Das gleiche gilt, je stärker die vertikalen und die horizontalen Linkages sowie die allgemeinen Spillover-Effekte sind, die von den inländischen Teilen der multinationalen Firmen auf das Inland ausgehen. Man kann sagen, daß die ausländischen Direktinvestitionen den Prozeß der inländischen Humankapitalbildung verstärken und damit die Grenzproduktivität des inländischen Sachkapitals sowie das Wachstum des Inlands fördern.

Im LUCAS-Modell ist der Zusammenhang weniger direkt. Es ist kaum zu erwarten, daß die inländischen Arbeitskräfte, weil ausländische Headquarter Services die inländischen Teile multinationaler Firmen erreichen oder weil Linkages und Spillover-Effekte sich in der inländischen Wirtschaft verbreiten, den Teil ihrer Arbeitszeit (1-n) vergrößern, den sie zur Produktion von Humankapital einsetzen. Allerdings kann vermutet werden, daß sich aufgrund dieser Einflüsse die Effizienz der Humankapitalproduktion, die in der Konstanten q zum Ausdruck kommt, vergrößert. Je mehr Direktinvestitionen im Inland getätigt werden, desto größer ist der Technologietransfer per Headquarter Services, desto umfangreicher sind auch Linkages und Spillover-Effekte. Diese Einflüsse tragen dazu bei, den Faktor q zu steigern. Durch die effizientere Humankapitalproduktion wird das inländische Wachstum gefördert, so daß die Wirkungen der Direktinvestitionen ähnlich sind wie die oben beschriebenen.

KAPITEL III: EMPIRISCHE UNTERSUCHUNGEN ZUR INTERNATIONALISIERUNG UND INTEGRATION DURCH DIREKTINVESTITIONEN

III.1. Vorbemerkungen

In diesem Kapitel soll vermittelt werden, wie die in den Kapiteln I und II dargestellten einzelwirtschaftlichen und gesamtwirtschaftlichen Aspekte von Direktinvestitionen in den Statistiken ihren Niederschlag gefunden haben. Da auf die vorhandenen statistischen Daten zurückgegriffen werden muß, wird es nicht möglich sein, einzelwirtschaftliche Theorien für Direktinvestitionen oder deren Anwendung, z.B. auf Duopole, empirisch zu überprüfen. Desgleichen wird es nicht möglich sein, gesamtwirtschaftlich Direktinvestitionen mit ihren mikro- und makroökonomischen Wirkungen, beispielsweise auf Wirtschaftsstruktur und Wachstum, empirisch zu untersuchen.

Dennoch sollte der Zusammenhang der in den vorhergehenden Kapiteln dargestellten theoretischen Argumente mit den in diesem Kapitel zu erläuternden empirischen Zahlen offenkundig sein. Die Direktinvestitionen werden mit zwei Zielrichtungen empirisch untersucht:

Es soll erstens ihre allgemeine Rolle bei der *Internationalisierung* von Volkswirtschaften verdeutlicht werden. Dabei geht es zunächst um die weltweite Verbreitung multinationaler Unternehmungen und die Direktinvestitionsverflechtungen nach Herkunfts- und Empfängerländern, dann um die Direktinvestitonen zwischen den Blöcken der weltwirtschaftlichen Triade Europa - Nordamerika - Japan und schließlich um das Beispiel erhaltener und geleisteter Direktinvestitionen der „kleinen Tiger" Hongkong, Singapur, Südkorea und Taiwan.

Es sollen zweitens die fördernden Wirkungen von Direktinvestitionen auf die wirtschaftliche *Integration* von Volkswirtschaften erläutert werden. Es werden jeweils die europäischen und die asiatischen Bemühungen dargestellt, durch internationale Abkommen und Verträge einen institutionellen Rahmen der Integration zu schaffen. Die empirischen Daten zeigen, daß die Integration in Europa anders als in Ostasien verläuft: In Europa stand zunächst die Handelsintegration im Vordergrund, der erst seit den 80-er Jahren eine durch Direktinvestitionen herbeigeführte

Produktionsintegration folgte. In Asien ist die Reihenfolge umgekehrt, denn die Produktionsintegration ist dort weiter fortgeschritten als die Handelsintegration. Da Handelsbeziehungen schnell umgestaltet werden können, Produktionsintegration hingegen meist dauerhafter ist, kann man mit der UNCTAD die Handelsintegration auch als „shallow integration“, die Produktionsintegration als „deep integration“ bezeichnen (UNCTAD 1994, S. 118).

III.2. Internationalisierung durch Direktinvestitionen

III.2.1. Die Verbreitung von multinationalen Unternehmungen und Direktinvestitionen nach Ländern

Direktinvestitionen sind ex definitione das Mittel, mit dem multinationale Unternehmungen des Auslands im Inland Tochterunternehmungen oder Zweigniederlassungen oder Beteiligungen erwerben oder ausbauen, die damit zu inländischen Teilen der multinationalen Firma werden. Es ist daher sinnvoll, die Internationalisierung mittels Direktinvestitionen durch die Verbreitung multinationaler Unternehmungen zu beschreiben. Statt das Land der direkt investierenden Firma - wie in den Kapiteln I und II dieser Arbeit - beispielhaft als Ausland und das Land, in dem die Direkt-investitionen getätigt werden, als Inland zu bezeichnen, sollen in den empirischen Untersuchungen die Herkunftsländer, deren Firmen Direkt-investitionen in einem anderen Land tätigen, auch *“outward investors“* und die Empfängerländer, die Direktinvestitionen erhalten, auch *“inward investors“* genannt werden.

III.2.1.1.: Allgemeiner Überblick

Direktinvestitionen vollzogen sich in gewissem Grad bereits in den vergangenen Jahrhunderten, und zwar damals hauptsächlich durch vertikale Rückwärtsintegration „upstream“ (vgl. Abb. 3). Mit dem Engagement ihrer Firmen im primären Sektor versuchten in der Industrialisierung bereits fortgeschrittene Länder ihre Rohstoffbasen, z.B. an Mineralien oder Erdöl, in den Ländern mit Rohstoffvorkommen zu sichern. Ein Teil dieser Länder wurde politisch zu Kolonien gemacht.

Die Situation änderte sich nach dem zweiten Weltkrieg. Nationalisierungen und Enteignungen politisch selbständig gewordener Länder reduzierten die Rolle multinationaler Unternehmungen im primären Sektor drastisch. In den 50-er Jahren gab es kaum Direktinvestitionen.

Angefacht von der raschen technischen Entwicklung zur Überwindung von Raum und Zeit, durch den allmählichen weltweiten Abbau von Handelsschranken und Devisenbewirtschaftung sowie durch den Übergang zur Konvertierbarkeit der Währungen, kamen Direktinvestitionen wieder in Schwung.

Abb. 25: Direktinvestitionen im Vergleich zu Exporten und Bruttoinlandsprodukt. Reale Entwicklung in der Weltwirtschaft

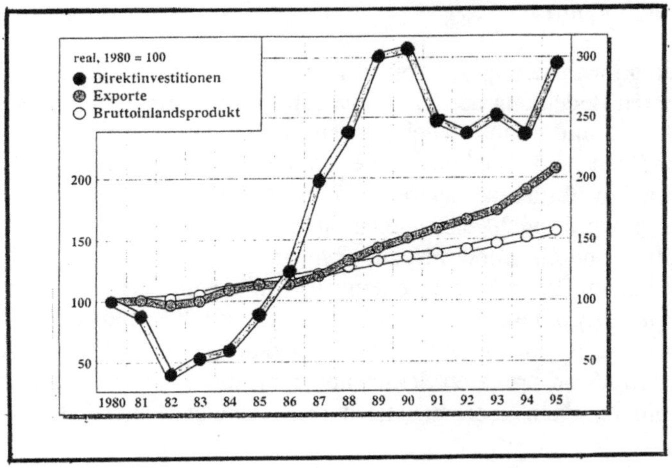

Quelle: IWD, Informationsdienst des Instituts der Deutschen Wirtschaft, Nr. 42 vom 17.10.1996, S. 5,auf der Grundlage von Daten des Internationalen Währungsfonds und der OECD.

Abbildung 25 verdeutlicht, daß für die Weltwirtschaft insgesamt die Direktinvestitionen zu Beginn der 80-er Jahre zunächst noch einmal leicht zurückgingen, dann aber von 1982 bis 1990 steil anstiegen, so daß ihr Wachstum das Wachstum des Bruttoinlandsproduktes sowie das Wachstum der Exporte stark übertraf. Anfangs der 90-er Jahre gab es wieder einen kleinen Rückschlag bei den Direktinvestitionen, dem jedoch seit 1994 wieder ein Aufschwung folgte. Es zeigt sich, daß die Direktinvestitionen im Trend wesentlich stärker zunehmen als das Bruttoinlandsprodukt der Welt und auch als die gesamten Weltexporte. Allerdings scheinen die Direktinvestitionen stärker konjunkturabhängig zu sein als Bruttoinlandsprodukt und Exporte. Die Abbildung macht die zunehmende Internationalisierung der Weltwirtschaft auf der Grundlage von Direktinvestitionen sichtbar.

Vor allem durch den Anstieg der Arbeitskosten in den Industrieländern bedingt, entwickelten sich seit den 60-er Jahren Direktinvestitionen im industriellen sekundären Sektor zur Verlagerung von Produktionsstätten in Niedriglohnländer, und zwar sowohl als vertikale Vorwärtsintegration „downstream" als auch als horizontale Integration. Seit den 80-er Jahren kommen infolge der rasanten Entwicklung von Telekommunikations- und Informationstechnik vermehrt Direktinvestitionen auch im tertiären Dienstleistungssektor hinzu.

Die Internationalisierung ist seit den 60-er und 70-er Jahren mit einer verminderten Bedeutung der Direktinvestitionen im primären Sektor und mit einem absolut und relativ zunehmenden Wachstum der Direktinvestitionen im sekundären und seit den 80-er Jahren insbesondere mit Direktinvestitionen im tertiären Sektor verbunden. Auf die sektorale Zusammensetzung wird noch einzugehen sein. Die Verbreitung der Internationalisierung durch Direktinvestitionen multinationaler Unternehmungen folgte im kurzen Zeitraum der vergangenen Jahrzehnte also der langfristigen *3-Sektoren- Hypothese* von A.G.B. FISHER (1939) und COLIN CLARK (1940), wonach im Laufe der Entwicklung die Produktion einer Volkswirtschaft im primären Sektor abnimmt, die des sekundären zunächst stark zunimmt, dann aber zugunsten des tertiären Sektors relativ wieder abnimmt.

Es wird geschätzt, daß es im Jahr 1988 auf der Welt 17.500 bis 20.000 multinationale Firmen gab, von denen etwa 300 Firmen rund 70 % aller durch Direktinvestitionen entstandenen ausländischen Bestände an Aktiva hielten. Die multinationalen Firmen hatten 120.000 bis 125.000 ausländische Tochterfirmen, Zweigstellen oder Beteiligungen; sie beschäftigten in diesen 14 bis 15 Millionen Menschen. In den 80-er Jahren entstanden 25 bis 30 % des Bruttosozialprodukts der marktwirtschaftlichen Länder in multinationalen Firmen, die etwa drei Viertel des Welthandels und vier Fünftel des internationalen Austausches von Technologien und Management-Leistungen erbrachten (vgl. DUNNING 1994, S. 14 ff).

III.2.1.2. Herkunftsländer von Direktinvestitionen (outward investors)

Tabelle 1 zeigt die Entwicklung von rund 97 % der weltweiten *Bestände* an Direktinvestitionen nach Herkunftsländern von 1967 bis 1988. Danach haben sich die durch Direktinvestitionen entstandenen Bestände in dieser Zeit insgesamt von 112 Mrd. $ auf 1.140 Mrd $, also auf das Zehnfache vergrößert; ihr Anteil am Bruttosozialprodukt (BSP) ist von 4 % auf 6,7 % gewachsen.

Tab. 1: Bestände an Direktinvestitionen am Jahresende 1967 - 1988 nach Herkunftsländern

a) in Mrd. US-$ (bewertet zum jeweiligen Wechselkurs)

	19 67		**19 73**		**19 80**		**19 88**	
Länder Regionen	Wert	% von Summe	Wert	% von Summe	Wert	% von Summe	Wert	% von Summe
entwickelte Länder	**109,3**	**97,3**	**205,0**	**97,1**	**535,7**	**97,2**	**1108,8**	**97,2**
USA	56,6	50,4	101,3	48,0	220,3	40,0	345,4	30,5
UK	15,8	14,1	15,8	7,5	81,4	14,8	183,6	16,2
Japan	1,5	1,3	10,3	4,9	36,5	6,6	110,8	9,8
BRD	3,0	3,7	11,9	5,6	43,1	7,8	103,4	9,1
Schweiz	2,5	2,2	7,1	3,4	38,5	7,0	44,1	3,9
Niederlande	11,0	9,8	15,8	7,5	41,9	7,6	77,5	6,8
Kanada	3,7	3,3	7,8	3,7	21,6	3,9	50,7	4,4
Frankreich	6,0	5,3	8,8	4,2	20,8	3,8	56,2	5,0
Italien	2,1	1,9	3,2	1,5	7,0	1,3	39,9	3,5
Schweden	1,7	1,5	3,0	1,4	7,2	1,3	26,2	2,3
sonstige	5,4	4,8	20,0	9,5	17,4	3,2	64,0	5,6
Entwicklungs-länder	**3,0**	**2,7**	**6,1**	**2,9**	**15,3**	**2,8**	**31,7**	**2,8**
alle Länder	**112,3**	**100,0**	**211,1**	**100,0**	**551,0**	**100,0**	**1140,5**	**100,0**

Quelle mit näheren Hinweisen: DUNNING 1994, S. 17, Tab. 2.2.

b) nach %-Anteilen am Bruttosozialprodukt

Länder Regionen	**1967**	**1973**	**1980**	**1988**
entwickelte Länder	**4,8 %**	**5.1 %**	**6,2 %**	**8,0 %**
USA	7,1 %	7,7 %	8,2 %	7,1 %
UK	14,5 %	9,1 %	15,2 %	26,1 %
Japan	0,9 %	2,5 %	3,4 %	3,9 %
BR Deutschland	1,6 %	3,4 %	5,3 %	8,6 %
Schweiz	10,0 %	16,2 %	37,9 %	23,9 %
Niederlande	33,1 %	25,8 %	24,7 %	34,0 %
Kanada	5,3 %	6,1 %	8,2 %	11,6 %
Frankreich	7,0 %	3,8 %	3,2 %	5,9 %
Italien	2,8 %	2,4 %	1,8 %	4,8 %
Schweden	5,7 %	6,1 %	5,8 %	16,4 %
sonstige	0,8 %	1,7 %	1,9 %	4,7 %
Entwicklungs-länder	**0,6 %**	**0,6 %**	**0,7 %**	**1,15 %**
alle Länder	**4,0 %**	**4,2 %**	**4,9 %**	**6,7 %**

Quelle mit näheren Hinweisen: DUNNING 1994, S.17, Tabl. 2.2.

Die beiden wichtigsten Herkuftsländer waren und sind die USA und das UK (Großbritannien); seit den 80-er Jahren folgen auf den nächsten Plätzen Japan und die Bundesrepublik Deutschland. Was den Anteil der Bestände am BSP betrifft, so ist er für das UK bemerkenswert groß, traditionell am größten jedoch für die „kleinen", stark außenwirtschafts-orientierten Länder Schweiz und Niederlande. Noch immer ist der Anteil der USA an den Beständen weitaus am größten; er hat jedoch von rund 50 % auf 30 % abgenommen, und zwar zu Gunsten der europäischen Länder und Japans.

In *Tabelle 2* sind die entwickelten Herkunftsländer wie in Tabelle 1 aufgeführt. Die Darstellung erweitert sich hier auf die Jahre 1984 bis 1995; allerdings werden die Zahlen nicht als Prozent-Anteile an den gesamten Beständen und als Prozent-Anteile am Bruttosozialprodukt ausgedrückt. Für das Jahr 1988 sind sowohl in Tab. 1 (nach DUNNING) als auch in Tab. 2 (nach der OECD) Zahlen zu finden. Diese stimmen annähernd überein; allerdings ergibt sich für Deutschland eine starke Abweichung - 103,4 Mrd.$ gegenüber 69,9 Mrd. US-$, die wegen der kontinuierlichen Entwicklung in Tabelle 2 einen Fehler in Tabelle 1 vermuten läßt.

Tab. 2: Bestände an Direktinvestitionen am Jahresende 1984 - 1995 nach Herkunftsländern in Mrd. US-$ (bewertet zum jeweiligen Wechselkurs)

Länder	1984	1985	1986	1987	1988	1989	1990	1991	1992	1993	1994	1995
USA	211,5	230,3	259,8	314,3	335,9	381,7	430,5	467,8	502,1	564,3	621,0	711,6
UK	86,9	100,3	118,9	159,6	187,6	196,6	230,8	234,1	223,7	253,2	286,4	331,3
Japan	37,9	44,0	58,1	77,0	110,8	154,4	201,4	231,8	248,1	260,0	275,8	296,2
BRD	27,6	36,4	49,8	64,6	69,9	83,5	112,0	129,4	133,2	138,0	212,9	252,9
Schweiz	-	25,2	34,3	45,3	47,1	52,6	65,7	75,3	73,8	91,6	112,6	142,8
Nieder-lande	39,9	47,7	57,0	72,0	73,4	88,6	109,2	120,1	128,4	132,5	143,1	177,8
Kanada	37,9	40,9	44,5	54,1	63,8	72,9	79,9	88,8	88,9	89,0	96,2	103,9
Frank-reich	-	-	-	-	-	65,6	97,4	116,9	137,8	148,2	157,0	184,3
Italien	14,1	17,7	27,4	34,2	39,9	45,8	59,0	56,9	65,8	76,4	84,5	109,2
Schwe-den	-	-	16,1	23,9	28,4	38,2	49,5	53,5	47,7	44,6	59,2	71,5

Quelle mit weiteren Hinweisen: OECD, International Direct Investment Statistics Yearbook 1997, S. 19.

Tabelle 2 verdeutlicht, daß sich an der Rangfolge der Länder kaum etwas geändert hat, insbesondere sind die ersten Plätze gleich geblieben. Die Bestände haben sich von 1988 bis 1995 für die USA mehr als verdoppelt, für Japan fast verdreifacht und für die Bundesrepublik Deutschland verdreieinhalbfacht.

Tabelle 3 zeigt die Entwicklung der *Stromgrößen* der Direktinvestitionen von den wichtigsten Herkunftsländern in der zweiten Hälfte der 80-er Jahre, ferner die Gesamtzahlen für die entwickelten Volkswirtschaften und die Entwicklungsländer. In den letzten beiden Spalten werden die jeweiligen prozentualen Anteile der aufgeführten Herkunftsländer für die erste und zweite Hälfte der 80-er Jahre angegeben. Hier ist ersichtlich, daß der Anteil der wichtigsten aufgeführten Herkunftsländer fast gleich geblieben ist mit 69,8 % bzw. 69,2 %. Der Anteil aller entwickelten Volkswirtschaften ist dagegen leicht zurückgegangen von 98,4 % auf 96,7 % , während der Anteil der Entwicklungsländer als Herkunftsländer für Direktinvestitionen leicht von 1,6 % auf 3,3 % gewachsen ist, allerdings immer noch auf sehr niedrigem Niveau liegt.

Tab. 3: Direktinvestitionen als Stromgrößen nach wichtigen Herkunftsländern: 1985 - 1990
in Mrd. US-$ (bewertet zum jeweiligen Wechselkurs)

Länder	**1985**	**1986**	**1987**	**1988**	**1989**	**1990**	**1980-84**	**1985-90**
							%-Anteile an allen	
USA	8,9	13,8	28,0	13,3	26,5	29,0	28,1 %	13,9%
UK	11,1	16,5	31,1	37,0	32,0	21,5	19,4 %	17,4 %
Japan	6,4	14,5	19,5	34,2	44,2	48,1	8,9 %	19,5 %
BRD	5,0	10,1	9,2	11,2	13,5	22,5	7,4 %	8,3 %
Frankreich	2,2	5,4	9,2	14,5	19,4	34,8	6,0 %	10,0 %
Summe	**33,7**	**60,2**	**97,1**	**110,2**	**135,6**	**155,9**	**69,8 %**	**69,2 %**
alle entwickelten Länder	52,1	84,7	132,6	155,4	187,1	216,7	98,4 %	96,7 %
Entwicklungsländer	1,2	1,7	2,4	5,9	8,9	8,1	1,6 %	3,3 %
alle Länder	**53,3**	**86,5**	**135,0**	**161,3**	**196,1**	**224,8**	**100 %**	**100 %**

Quelle mit weiteren Hinweisen: DUNNING 1994, Tab. 2.3, S.18.

Für die Jahre 1985 bis 1990 sind sowohl in Tabelle 3 (nach DUNNING) als auch in *Tabelle 4* (nach der OECD) Zahlen zu finden, die annähernd übereinstimmen; allerdings sind Abweichungen für die USA festzustellen. Aus der Tabelle 3 wird deutlich, daß die USA in der zweiten Hälfte der 80-er Jahre als Herkunftsland vom UK und in den Jahren 1989 und 1990 auch von Japan übertroffen wurden. Wie aus Tabelle 4 (nach OECD-Zahlen), dann zu entnehmen ist, übernahmen die USA ab 1991 wieder die Spitzenposition bei den Herkunftsländern mit starkem Wachstum. Im Jahr 1995 erreichten die Direktinvestitionen der USA 95,5 Mrd. US-$, das ist doppelt so viel wie das Maximum der japanischen Direktinvestitionen aus dem Jahr 1990 mit 48,0 Mrd. US-$. Dagegen haben sich die jährlichen Direktinvestitionen Japans, die ihren Höhepunkt 1990 hatten, zu Beginn der 90-er Jahre mehr als halbiert und zeigen seit 1995 wieder einen leichten Aufwärtstrend. Bei den wichtigsten europäischen Herkunftsländern hat sich Anfang der 90-er Jahre - zeitlich leicht versetzt - ebenfalls eine Verringerung der jährlichen Direktinvestitionen ergeben, gefolgt von neuen Zunahmen (außer Niederlanden) seit 1995.

Tab. 4: Direktinvestitionen als Stromgrößen nach Herkunftsländern: 1985-1996
in Mrd. US-$ (bewertet zum jeweiligen Wechselkurs)

Länder	**1985**	**1986**	**1987**	**1988**	**1989**	**1990**	**1991**	**1992**	**1993**	**1994**	**1995**	**1996**
USA	12,7	17,7	29,0	17,9	37,6	31,0	32,7	42,6	78,2	54,5	95,5	85,4
UK	10,8	17,1	31,3	37,1	35,1	18,6	16,0	19,2	25,6	28,2	42,7	43,7
Japan	6,5	14,5	19,5	34.2	44,1	48,0	30,7	17,2	13,7	17,9	22,6	23,5
BRD	5,1	20,1	9,7	12,1	15,2	23,9	23,7	19,5	15,3	17,1	38,6	27,9
Frankreich	2,2	5,2	8,7	16,7	20,6	36,2	25,1	30,4	19,7	24,4	15,8	28,3
Schweiz	4,5	1,4	1,2	8,6	7,8	6,3	6,5	5,7	8,8	10,8	12,1	n.v.
Niederlande	2,6	4,0	8,6	7,2	14,8	15,3	13,6	14,3	10,7	17,1	12,4	10,0

Quelle: OECD, International Direct Investment Statistics Yearbook 1997, S. 16, Tab.3.
Zahlen für 1996 zumeist vorläufig, für die Schweiz noch nicht vorhanden.

III.2.1.3. Empfängerländer von Direktinvestitionen (inward investors)

Tabelle 5 zeigt, analog zu Tabelle 1, die Entwicklung der weltweiten *Bestände* an Direktinvestitionen nach Empfängerländern von 1967 bis 1988. Konzeptionell müßte die Summe der gesamten Bestände von Herkunftsländern mit der Summe der gesamten Bestände in den Empfängerländern übereinstimmen. Da jeweils nicht alle Zahlen verfügbar sind und mancher Bestand im Herkunftsland anders bewertet wird als im Empfängerland, trifft dies nur eingeschränkt zu. Die Bestände haben sich nach Tabelle 5a) insgesamt knapp verzwölffacht, ihr Anteil am Bruttosozialprodukt ist nach Tabelle 5b) insgesamt von 3,8 % auf 7,2 % angewachsen.

Tab. 5: Bestände an Direktinvestitionen am Jahresende 1967 - 1988 nach Empfängerländer

a) in Mrd. US-$ (bewertet zum jeweiligen Wechselkurs)

Länder Regionen	**1967**		**1973**		**1980**		**1988**	
	Wert	% von Summe	Wert	% von Summe	Wert	% von Summe	Wert	% von Summe
entwickelte Länder	**73,2**	**69,4**	**153,7**	**73,9**	**403,4**	**78,5**	**959,5**	**78,7**
USA	9,9	9,4	20,6	9,9	83,0	16,2	328,9	27,0
Westeuropa	31,4	29,8	73,8	35,5	186,9	36,4	444,5	36,5
UK	7,9	7,5	24,1	11,6	63,0	12,3	119,6	9,8
BRD	3,6	3,4	13,1	6,3	47,9	9,3	63,5	6,8
Schweiz	2,1	2,0	4,3	2,1	14,3	2,8	23,2	1.9
Japan	0,6	0,6	1,6	0,8	3,3	0,6	10,4	0,9
sonstige*	31,9	30,3	59,3	28,5	133,5	26,0	175,7	14,4
Entwicklungsländer	**32,3**	**30,6**	**54,4**	**26,1**	**110,3**	**21,5**	**259,8**	**21,3**
Afrika	5,6	5,3	10,2	4,9	13,1	2,6	30,9	2,5
Asien	8,3	7,9	15,3	7,4	34,9	6,8	114,0	9,3
Lateinamerika**	18,5	17,5	28,9	13,9	62,3	12,1	114,9	9,6
alle Länder	**105,5**	**100,0**	**208.1**	**100.0**	**513,7**	**100,0**	**1219,3**	**100,0**

b) nach %-Anteilen vom Bruttosozialprodukt

Länder Regionen	**1967**	**1973**	**1980**	**1988**
entwickelte Länder	**3,2 %**	**3,8 %**	**4,7 %**	**6,9 %**
USA	1,2 %	1,6 %	3,2 %	6,8 %
Westeuropa	4,2 %	5,6 %	4,2 %	8,4 %
UK	7,2 %	13,9 %	12,0 %	17,0 %
BRD	1,9 %	3,8 %	5,8 %	6,9 %
Schweiz	8,4 %	9,8 %	14,1 %	12,6 %
Japan	0,3 %	0,4 %	0,3 %	0,4 %
sonstige*	4,2 %	4,2 %	8,7 %	4,8 %
Entwicklungs-länder	**6,4 %**	**5,4 %**	**5,4 %**	**9,0 %**
Afrika	9,0 %	8,7 %	4,1 %	9,7 %
Asien	3,9 %	3,6 %	5,0 %	8,9 %
Lateinamerika**	15,8 %	12,3 %	8,4 %	14,2 %
alle Länder	**3,8 %**	**4,1 %**	**4,8 %**	**7,2 %**

Quelle: DUNNING 1994, S. 20, Tab. 2.5
* sonstige entwickelte Marktwirtschaften: Australien, Kanada, Neuseeland, Südafrika u.a. ** einschließlich Karibik

Die beiden wichtigsten Bestimmungsländer waren und sind auch wieder die USA und das UK, gefolgt von Deutschland, dessen Bestandswert sich von 1980 bis 1988 nahezu verdoppelt hat. Japan wurde geringfügig und erst allmählich in den 80-er Jahren Bestimmungsland von Direktinvestitionen.

Der Anteil der Bestände am Bruttosozialprodukt war und ist bei den entwickelten Marktwirtschaften für das UK und für die Schweiz am höchsten; er erreichte im Jahr 1988 dort 17,0 % bzw. 12,6 %.

Auch in den Entwicklungsländern sind die durch Direktinvestitionen entstandenen Bestände beachtlich. Sie erreichten 1988 in Afrika und in Asien etwa 9 %, in Lateinamerika und der Karibik sogar 14,2 % des Bruttosozialproduktes. „...some of the poorest economies are among the most dependent on inward investment" (DUNNING 1994, S. 21).

Tab. 6: Bestände an Direktinvestitionen am Jahresende 1984 - 1995 nach Empfängerländern in Mrd. US-$ (bewertet zum jeweiligen Wechselkurs)

Länder	1984	1985	1986	1987	1988	1989	1990	1991	1992	1993	1994	1995
USA	164,6	184,6	220,4	263,4	314,8	368,9	394,9	419,1	427,6	466,7	502,4	560,1
UK	46,4	64,8	76,3	117,2	139,0	160,3	218,2	224,7	195,9	196,8	219,2	233,1
BRD*	16,9	22,2	31,5	39,3	38,9	43,1	58,8	67,8	65,7	61,6	158,2	189,5
Schweiz	-	10,1	18,6	24,3	25,2	25,2	33,7	35,1	32,6	38,7	48,7	52,1
Nieder-lande	18,2	24,9	34,3	45 4	44,8	55,3	73,7	78,9	85,0	86,7	95,2	122,4
Kanada	65,1	64,7	69,6	82,0	96,3	106,5	113,3	118,5	114,7	110,3	111,8	122,7
Frank-reich	-	-	-	-	-	54,3	79,1	93,5	107,9	107,4	119,3	143,7
Italien	11,5	19,0	25,5	31,3	36,9	49,3	58,0	59,7	48,4	52,5	58,8	66,0
Schwe-den	-	-	6,0	9,2	9,9	10,9	12,4	17,9	13,8	12,9	23,5	-
Japan	4,5	4,7	6,5	9,0	10,4	9,2	9,9	12,3	15,5	16,9	20,4	19,8

Quelle mit weiteren Hinweisen: OECD, International Direct Investment Statistics Yearbook 1997, S. 18. * Strukturbruch 1994: Seitdem werden die Daten nicht, wie bis dahin, aus gesamtwirtschaftlichen Daten sondern aus detaillierten sektoralen Daten ermittelt (vgl. OECD 1997, S. 369 ff.).

In *Tabelle 6* sind die gleichen entwickelten Länder wie in Tabelle 2 aufgeführt. Die Darstellung erweitert sich wieder auf den Zeitraum 1984 bis 1995; die Bestände werden allerdings nur wertmäßig, nicht anteilsmäßig an der Gesamtheit der Bestände und nicht anteilsmäßig am jeweiligen Bruttosozialprodukt, ausgedrückt. Für 1988 sind sowohl in Tabelle 5 (nach DUNNING) als auch in Tabelle 6 (nach der OECD) Zahlen zu finden. Für die Bundesrepublik Deutschland sind die Zahlen für 1988 in der letzteren Tabelle nur halb so hoch wie die in Tabelle 5; ab 1994 erhöhen sie sich sprunghaft, weil andere statistische Quellen von der OECD verwendet wurden. Insgesamt dürfte Tabelle 5 und ab 1994 Tabelle 6 ein zutreffenderes Bild für Deutschland vermitteln. Für die übrigen Länder ist die Übereinstimmung hinreichend.

Tabelle 7: Direktinvestitionen als Stromgrößen 1985 - 1996
nach Empfängerländern
in Mrd. US-$ (bewertet zum jeweiligen Wechselkurs)

Länder	**1985**	**1986**	**1987**	**1988**	**1989**	**1990**	**1991**	**1992**	**1993**	**1994**	**1995**	**1996**
USA	20,5	36,1	59,6	55,6	69,0	48,4	22,8	18,9	43,5	49,8	60,2	84,6
UK	5,8	8.6	15,4	21,3	30,4	32,9	16,0	16,2	15,5	10,5	22,8	32,8
Frankreich	2,2	2,7	4,6	8,5	13,1	15,7	15,1	17,9	16,4	15,6	23,7	20,4
Spanien	1,9	3,4	4,5	7,0	8,4	13,7	12,4	13,4	8,1	9,4	6,3	6,4
Nieder lande	1,4	3,1	3,0	4,8	8,5	12,2	6,5	7,7	6,6	7,3	10,8	3,3
Kanada	1,3	2,8	8,0	6,5	5,0	7,9	2,7	4,5	5,0	7,3	10,7	6,7
Belgien/ Luxemb.	1,0	0,6	2,3	5,0	6,7	7,5	8,9	11,0	10,5	8,3	10,6	11,0
Italien	1,1	-	4,1	6,9	2,2	6,3	2,5	3,2	3,7	2,2	4,8	3,5
BRD.	0,5	1,1	1,8	1,1	7,1	2,4	4,0	2,7	1,9	1,5	12,0	3,2
Japan	0,6	0,2	1,2	-	-	1,8	1,4	2,7	-	0,8	-	0,2

Quelle: OECD, International Direct Investment Statistics Yearbook 1997, S. 14, Tab.2. Daten für 1996 meist vorläufig.

Die in Tabelle 5 aufgezeigten Tendenzen setzen sich in Tabelle 6 in den nachfolgenden Jahren fort. Die USA und das UK sind die mit Abstand wichtigsten Empfängerländer von Direktinvestitionen. Japan blieb an der Öffnung für Direktinvestitionen kaum beteiligt.

Tabelle 7 gibt einen Überblick über die wichtigsten Empfängerländer anhand ihrer *Stromgrößen* der Direktinvestitionen seit 1985. Insgesamt war das Wachstum der Stromgrößen in den 80-er Jahren außerordentlich stark. Es sank in den meisten Ländern zu Beginn der 90-er Jahre, nahm jedoch in den meisten Ländern in den Jahren 1995 und 1996 wieder zu. Die USA und das UK sind auch bei den Stromgrößen als Empfängerländer von Direktinvestitionen führend, gefolgt von Frankreich. Spanien hatte in den Jahren 1990, 1991 und 1992 starken Zustrom von Direktinvestitionen (12 - 13 Mrd. US-$). Deutschland, das wegen hoher Abgabenbelastung und langwieriger bürokratischer Genehmigungsverfahren zur Zeit als unattraktiv für Direktinvestitionen gilt, und Japan rangieren ganz hinten. Die Tabelle zeigt, daß Länder, die bei den Bestandsgrößen noch nicht hervortraten, bei den Stromgrößen zu wichtigen Ländern gehören, die sich der Internationalisierung durch Direktinvestitionen öffnen. Zu ihnen gehören alle Länder der Europäischen Union, aber auch Kanada.

Die Entwicklungsländer sind in den Tabellen 6 und 7 nicht enthalten. *Tabelle 8* unterscheidet nun wieder zwischen entwickelten Ländern und den Entwicklungsländern und setzt die „inward"-Direktinvestitionen als Stromgrößen zur Bruttoinvestitionen der Empfängerländer von 1985 bis 1992 in Beziehung. Die Tabelle verdeutlicht, daß der Anteil der Direktinvestitionen an den inländischen Bruttoinvestitionen bei den entwickelten Ländern in Westeuropa am höchsten war, in den beiden letzten Jahren jedoch wieder gesunken ist. In dem vergleichsweise hohen Anteil drückt sich eine besonders starke Internationalisierung Westeuropas aus, die auch durch die zunehmende Integration innerhalb der Europäischen Union gefördert wurde. Auffallend ist auch der hohe Anteil der Direktinvestitionen an der Bruttoinvestition in Ozeanien bis 1991, was allerdings weniger durch einen besonderen Umfang der Direktinvestitionen als vielmehr durch vergleichsweise geringe Bruttoinvestitionen bedingt sein dürfte.

Tab. 8: Direktinvestitionen als Stromgrößen nach Empfängerländern im Verhältnis zur Bruttoinvestition dieser Länder: 1985 - 1992 (Anteile in %)

Regionen	1985	1986	1987	1988	1989	1990	1991	1992
entwickelte Länder	**2,3**	**3,0**	**4,2**	**4,3**	**5,2**	**4,8**	**3,3**	**2,6**
Westeuropa	3,3	3,2	4,2	5,2	7,2	7,3	5,6	5,3
Nordamerika	2,6	4,6	7,5	6,9	7,4	5,3	2,9	0,8
sonstige	0,6	0,7	0,7	0,9	0,9	1,0	0,7	0,8
Entwicklungsländer	**2,1**	**2,0**	**2,9**	**3,4**	**3,2**	**3,4**	**4,2**	**4,9**
Afrika	4,2	2,6	3,6	3,6	6,7	3,1	4,3	4,5
Lateinamerika + Karibik	3,5	2,9	3,9	4,5	4,0	4,0	5,8	4,9
West-Asien	0,4	0,3	0,2	0,6	0,4	0,3	0,7	0,6
Ost-/Süd-/ Südost-Asien	1,6	2,4	3,6	3,8	3,3	4,2	4,2	5,5
Ozeanien	15,6	12,8	13,6	16,7	21,4	17,8	7,3	4,7

Quelle: UNCTAD: Recent Developments in International Investment and Transnational Corporations, Genf 1995, S. 5.

III.2.1.4. Länder als outward und inward investors

Vergleicht man die Länder hinsichtlich ihrer Rolle als Herkunftsländer und als Empfängerländer von Direktinvestitionen, so werden zwei Sachverhalte deutlich:

Erstens wird der Fall, daß ein Land gleichzeitig Herkunftsland und Empfängerland von Direktinvestitionen ist, immer häufiger. Bildet man die Summe von „outward- und inward- Investitionen" eines Landes als Bestandsgröße und drückt sie als Anteil des Bruttosozialproduktes dieses Landes aus, so ergeben sich die Zahlen der *Tabelle 9* als gesamte Auslandsverflechtung.

Tab. 9: Summe der Bestände von „outward + inward investments" im Verhältnis zum Bruttosozialprodukt : 1967 - 1988 (in %)

Länder	**1967**	**1973**	**1988**
USA	8,3 %	9,3 %	13,9 %
UK	21,7 %	23,0 %	43,1 %
BR Deutschland	3,3 %	7,2 %	15,5 %
Schweiz	18,4 %	26,0 %	36,5 %
Japan	1,2 %	2,9 %	43,0 %

Quelle: DUNNING 1994, S. 24.

Wieder fällt auf, daß das UK als Herkunfts- und Empfängerland von Direktinvestitionen im Verhältnis zu seinem Bruttosozialprodukt in außergewöhnlich hohem Maße an der Internationalisierung teilnimmt. Große Bedeutung kommt auch der relativ kleinen offenen Volkswirtschaft der Schweiz zu. Selbst ein Land wie Japan, das kaum als Empfängerland von Direktinvestitionen auftritt, liegt hier aufgrund seiner großen Bedeutung als Herkunftsland im Trend der Internationalisierung.

Zweitens bleibt die Rolle eines Landes als Herkunfts- oder Empfängerland nicht konstant; es gibt viele Fälle, in denen sich die Größenordnung von inward und ouward investments annähert. Die Internationalisierung durch Direktinvestitionen ist also keine einseitige Angelegenheit.

In *Tabelle 10* ist die zeitliche Entwicklung der Verhältnisse von outward zu inward investments einzelner Länder dargestellt. Hat ein Land größere Bestände an outward investments als an inward investments, ist es also vorwiegend ein Herkunftsland für Direktinvestitionen, so ergibt sich eine Zahl > 1, ist es vorwiegend Empfängerland, in dem die Bestände an inward investmens überwiegen, so ergibt sich eine Zahl < 1. Besonders erwähnenswert sind hier die USA, die zunächst hauptsächlich Herkunftsland waren, inzwischen aber immer größere Bedeutung auch als Empfängerland erlangten. Das UK und Schweden holen als Empfängerländer erst allmählich ihre Bedeutung als Herkunftsländer auf. Kanada und Australien sind überwiegend Empfängerländer, Deutschland und Italien waren früher ebenfalls mehr Empfängerländer, inzwischen sind sie jedoch vermehrt

Herkunftsländer. Eine Ausnahme bildet Japan, das als Empfängerland kaum, als Herkunftsland bis zur Mitte der 90-er Jahre jedoch immer wachsende Bedeutung hatte.

Tab. 10: Verhältnis der Bestände von outward- zu inward-Investitionen von entwickelten Ländern: 1960 - 1988

Regionen	**1960**	**1967**	**1975**	**1985**	**1988**
Nordamerika					
USA	4,61	5,72	4,48	1,36	0,95+
Kanada	0,19	0,10	0,28	0,60	0,65++
Europa					
BR Deutschland	0,56	0,83	1,04*	1,67	1,24
Frankreich	n.v.	n.v.	1,16	1,06	1,35
Italien	n.v.	n.v.	0,36	0,86	1,02
Niederlande	n.v.	n.v.	2,14	1,98	1,60
Schweden	n.v.	4,55	3,28	2,47	3,40
Schweiz	n.v.	1,19	5,50	1,95	1,96+
UK	2,16	2,00	1,58**	1,73	1,59++
Asien und Pazifik					
Japan	3,68	2,50	10,60	13,70	14,57
Australien	0,11	n.v.	0,13	0,23	0,46

Quelle: DUNNING 1994, S. 24, Tab. 2.8.
* 1974, ** 1976, + 1989, ++ 1987.

Wir kommen auf die zweiseitige Bedeutung von Dirktinvestitionen für die Internationalisierung durch outward und inward investments eines Landes am Beispiel der asiatischen „kleinen Tiger“ in Abschnitt III.2.3. zurück.

III.2.1.5. Verteilung von Direktinvestitionen nach Sektoren und Branchen

Um die Bedeutung der Internationalisierung durch Direktinvestitionen zu erfassen, reicht es nicht aus, die Länder jeweils als outward und inward investors zu beschreiben. Es ist vielmehr erforderlich, auch über die

Sektoren und Branchen zu berichten, in denen die Herkunftsländer bzw. die Empfängerländer investieren. Mit „Sektoren" sind dabei der primäre, der sekundäre und der tertiäre Sektor gemeint, auf die bereits in Abschnitt III.2.1.1 hingewiesen wurde. Mit „Branchen" sind jeweils Teilbereiche der drei Sektoren angesprochen.

Tab. 11: Entwicklung der sektoralen Zusammensetzung der Bestände an Direktinvestitionen von Herkunftsländern am Jahresende: 1975 - 1995 (Anteile in %)

Regionen	Jahr	primärer Sektor	sekundärer Sektor	tertiärer Sektor
Nordamerika:				
USA	1975	26,4	45,0	28,6
	1989	16,7	40,0	42,3
	1995	11,1	36,2	52,7
Kanada	1975	21,1	50,5	28,4
	1987	13,1	43,3	43,4
	1995	8,5	40,5	51,0
Europa				
BR Deutschland	1975	4,5	48,3	47,2
	1988	2,8	43,4	53,7
	1995	1,2	31.0	67,8
Frankreich	1975	22,1	38,2	39,7
	1988	15,0	36,6	48,3
	1995	9,2	36,9	53,9
Niederlande	1975	46,8	38,6	14,6
	1988	36,4	24,7	38,8
	1995	0,8	50.6	48,6
UK	1975	n.v.	n.v.	35,6
	1987	26,9	34,4	38,6
	1995	16,1	43,8	40,1
Asien:				
Japan	1975	28,1	32,4	39,5
	1989	6,7	26,0	67,6
	1994	5,1	28,3	66,6

Quelle: Anteile für 1975 und 1987/8/9 nach DUNNING 1994, S. 26, Tab.2.9. Anteile für 1995 errechnet aus Ländertabellen in OECD, International Direct Investment Statistics Yearbook 1997, Teil II.

Die Darstellung beschränkt sich auf Bestände an Direktinvestitionen von Herkunfts- und Empfängerländern in Sektoren und Branchen, wobei die Bestände der Sektoren als prozentuale Anteile am Gesamtbestand eines Landes, die Bestände der Branchen als prozentuale Anteile am Bestand eines Sektors ausgedrückt werden. Zunächst geht es um die Zusammensetzung der Bestände der Herkunftsländer, danach um die der Empfängerländer.

Tabelle 11 zeigt für ausgewählte entwickelte Länder, daß diese auch als Herkunftsländer von Direktinvestitionen, also mit ihren outward investments, eine Strukturveränderung gemäß der bereits in Abschnitt III.2.1.1. angesprochenen *3-Sektoren-Hypothese* vollziehen: Der Anteil der Direktinvestitionen im primären, aber auch schon der im sekundären Sektor geht zurück, der im tertiären Sektor nimmt zu. Noch 1975 hielten die Niederlande knapp die Hälfte, die anderen Länder (mit Ausnahme Deutschlands) etwa ein Viertel ihrer ausländischen Bestände im primären Sektor; der Schwerpunkt lag damals bei den anderen Ländern im sekundären Sektor. Zu Ende der 80-er Jahre und 1995 war die Bestandshaltung im primären Sektor stark rückläufig, und der Schwerpunkt verlagerte sich über den sekundären zum tertiären Sektor. Mitte der 90-er Jahre hielten die meisten Länder etwa die Hälfte, Japan und Deutschland zwei Drittel ihrer Direktinvestitionsbestände im tertiären Sektor.

Tabelle 12 gibt Auskunft darüber, welche Branchen um die Mitte der 90-er Jahre an dieser Verteilung auf Sektoren beteiligt waren. Die gesamten durch Direktinvestitionen eines Landes entstandenen Bestände im Ausland werden gleich 100 gesetzt. Als Sektoranteile daran ergeben sich wieder die in Tabelle 11 vermerkten Prozentzahlen für 1995 bzw. 1994. Die Branchenanteile werden nur für die wichtigsten Branchen angegeben, so daß sich die Branchenanteile eines Landes an dessen gesamten Beständen nicht zu 100 addieren. Tabelle 12 macht zugleich deutlich, welche Branchen der primäre, der sekundäre und der tertiäre Sektor umfaßt. Bemerkenswert ist, daß die Branche „Bau" in der Statistik der OECD dem tertiären Sektor zugeordnet ist.

Tabelle 12 macht für den primären Sektor deutlich, daß deutsche und japanische multinationale Firmen wenig in der ausländischen Öl- und Gasförderung engagiert sind, das UK dagegen am stärksten mit 13,6 %, gefolgt von den USA, Kanada und Frankreich, das auch noch 7 % erreicht. Für die Niederlande liegen keine Zahlen vor.

Tabelle 12: Sektor- und Branchen-Zusammensetzung der Bestände an Direktinvestitionen von Herkunftsländern am Jahresende: 1994 bzw. 1995 (Anteile in %)

Sektor/Branche	Nordamerika 1995		Europa 1995				Asien 1994
	Kanada	USA	Frankreich	Deutschland	Niederlande	UK	Japan
Primärer Sektor	**8,5**	**11,1**	**9,2**	**1,2**	**0,8**	**16,1**	**5,1**
darunter:							
Landwirtsch./Fischfang	-	0,1	0,0	0,2	0,1	0,3	0,7
Erdöl-, Gasförderung	8,5	9,8	7,0	0,8	n.v.	13,6	4,4
Sekundärer Sektor	**40,5**	**36,2**	**36,9**	**31,0**	**50,6**	**43,8**	**28,3**
darunter:							
Nahrungsmittel	6,8	4,4	5,5	0,8	9,5	16,5	1,6
Textil/Holzverarbeitung	n.v.	2,7	1,9	1,2	n.v.	6,4	2,3
Chemie	n.v.	13.8	13,7	11,9	26,3	9,4	n.v.
Metall	17,4	6,5	4,1	4,2	n.v.	1,5	5,9
Elektronik	5,9	3,6	6,6	0,8	10,0	0,3	5,9
Fahrzeuge	-	4,6	4,4	4,9	n.v.	1,4	n.v.
Tertiärer Sektor	**51,0**	**52,7**	**53,9**	**67,8**	**48,6**	**40,1**	**66,6**
darunter:							
Elektrizität/Gas/Wasser		1,2	2,2	0,1	n.v.	0,3	n.v.
Bau	3,3	0,2	0,8	0,4	0,7	1,0	0,9
Handel	3,5	11,5	6,6	13,3	9,0	5,4	10,9
Gastgewerbe	6,2	0,3	1,9	0,2	n.v.	4,6	n.v.
Transport	13,5	1,9	1,4	0,7	1,7	0,9	5,8
Finanzen	23,5	33,8	37,7^{+}	24,7	16,9	15,7	19,2
Immobilien	n.v.	2,0	0,1	28,0*	n.v.	9,1*	n.v.
sonstige Dienste	0,9	1,8	5,3	0,3	20,4	3,0	29,8
Gesamt	**100,0**	**100,0**	**100,0**	**100,0**	**100,0**	**100,0**	**100,0**

* Immobilien und „business activities", $^{+}$ einschließlich Finanzholdings

Quelle: berechnet aus OECD, International Direct Investment Yearbook 1997, Teil II. Die Zuordnung von Branchen zum primären Sektor, sekundären Sektor (manufacturing) und tertiären Sektor (services) erfolgt hier nach der Vorgehensweise der OECD, dargestellt in der zitierten Quelle, S.414. Die englischen Branchenbezeichnungen sind abgekürzt wie folgt übersetzt:

Landwirtschaft/Fischfang: agriculture and fishing,
Erdöl-/Gasförderung: extraction of petroleum and gas,
Nahrungsmittel: food products,
Textil/Holzverarbeitung: textile and wood activities,
Chemie: petroleum, chemical, rubber and plastic products,
Metall: metal and mechanical products,
Elektronik: office machinery, computers, radio, TV, communication equipment,
Fahrzeuge: vehicles and other transport equipment,
Elektrizität/Gas/Wasser: electricity, gas & water,
Bau: construction,
Handel: trade & repairs,
Gastgewerbe: hotels & restaurants,
Transport: transport & communication,
Finanzen: financial activities,
Immobilien: real estate.

Was die Direktinvestitionen ausländischer Firmen in Empfängerländern angeht, liegt es nahe, daß Länder, die reich an natürlichen Ressourcen sind und eine kleine Bevölkerung haben, einen relativ großen Anteil ihrer inward investments im primären Sektor haben; hierher gehören z.B. Kanada, Australien und die Ölstaaten des Mittleren Ostens. Empfängerländer, die im Prozeß der Industrialisierung stehen, attrahieren inward investments hauptsächlich in den sekundären Sektor. Empfängerländer, die im Entwicklungsprozeß fortgeschritten sind, erfahren zunehmend Direktinvestitionen im tertiären Sektor. Wir beschränken uns bei den Empfän-gerländern in *Tabelle 13* auf die analog zu Tabelle 12 ausgewählten Länder, die mit ihren Anteilen an den Beständen an Direktinvestitionen nach Sektoren und den wichtigsten Branchen an den Gesamtbeständen von inward investments dargestellt werden.

Ein Vergleich der Tabellen 12 und 13 macht zunächst klar, daß ein Land in einer bestimmten Branche sowohl im Ausland Direktinvestitionen tätigen und dort Bestände halten als auch im Inland Direktinvestitionen und Bestände fremder Herkunftsländer zulassen kann. Diesem Fall entspricht in der Außenhandelstheorie der des Handels innerhalb der gleichen Branche, also dem gleichzeitigen Export und Import von Gütern einer Branche. Dieser Sachverhalt ist nicht nur damit zu erklären, daß die Branchen breit definiert sind, so daß es sich bei den exportierten Gütern um andere als bei den importierten Gütern handelt. Es könnte vielmehr auch sein, daß exportierte und importierte Güter einer eng definierten Branche zuzurechnen sind, weil jedes Land Nachfragepräferenzen auch für die Gütervarianten anderer Länder hat.

Analog zu den Gütermärkten haben die in Kapitel I erläuterten Theorien gezeigt, daß es sich für die Produzenten verschiedener Gütervarianten im Ausland wie im Inland lohnen kann, mittels Direktinvestitionen eine Tochter- oder Zweigfirma in einem anderen Land zu errichten oder dort eine Beteiligung zu erwerben. Die Internationalisierung durch Direktinvestitionen betrifft also auch Firmen der gleichen Branche.

Allerdings gibt es durchaus Unterschiede eines Landes in seiner Rolle als Herkunfts- und als Empfängerland. Es ist klar, daß ein Land, das über keine oder nur wenige primäre Ressourcen verfügt, nur eine bescheidene Rolle als Empfängerland ausländischer Direktinvestitionen in Branchen des primären Sektors spielen kann, während seine Rolle als Herkunftsland von Direktinvestitionen in diesen Branchen erheblich sein kann.

Tab. 13: Sektor- und Branchen-Zusammensetzung der Bestände an Direktinvestitionen in Empfängerländern am Jahresende 1994 bzw. 1995 (Anteile in %)

Sektor	**Nordamerika 1995**		**Europa 1995**				**Asien 1994**
Branche	Kanada	USA	Frankreich	Deutschland	Niederlande	UK	Japan
Primärer Sektor	**11,7**	**8,8**	**4,3**	**0,5**	**-**	**22,5**	**-**
darunter:							
Landwirtsch/Fischfang	-	0,2	0,1	0,1	-	0,1	-
Erdöl-, Gasförderung	11,7	6,4	3,6	0,1	-	22,4	-
Sekundärer Sektor	**53,2**	**37,6**	**35,6**	**22,7**	**44,7**	**31,4**	**55,2**
darunter:							
Nahrungsmittel	9,5	4,7	6,3	2,0	7,2	4,8	1,7
Textil/Holzverarbeitung	n.v.	3,4	3,1	0,5	-	7,3	n.v.
Chemie	n.v.	14,8	9,6	7,0	22,4	4,9	3,3
Metall	10,3	5,1	3,8	3,1	-	3,1	30,3
Elektronik	7,1	4,2	5,1	2,3	8,2	4,9	n.v.
Fahrzeuge	n.v.	1,0	3,5	2,9	-	2,0	n.v.
Tertiärer Sektor	**35,1**	**53,6**	**59,9**	**76,8**	**55,6**	**46,1**	**44,8**
darunter:							
Elektrizität/Gas/Wasser	n.v.	n.v.	0,6	0,2	-	2,2	n.v.
Bau	6,5	0,4	0,2	0,3	0,7	-	0,4
Handel	4,6	15,2	9,6	15,5	17,8	10,0	20,2
Gastgewerbe	n.v.	2,0	0,4	0,3	n.v.	2,4	n.v.
Transport	3,0	1,5	0,6	0,8	n.v.	0,9	1,7
Finanzen	18,0	30,6	43,7^{+}	7,1	8,3	21,3	7,1
Immobilien	n.v.	n.v.	1,1	52,4*	n.v.	5,4*	n.v.
sonstige Dienste	3,0	3,9	3,9	0,3	27,0	3,9	15,5
Gesamt	**100,0**	**100,0**	**100,0**	**100,0**	**100,0**	**100,0**	**100,0**

* Immobilien und „business activities", $^{+}$ einschließlich Finanzholdings.

Quelle: Berechnet aus OECD, International Direct Investment Yearbook 1997, Teil II. Zuordnung von Branchen und Branchenbezeichnungen wie bei Tab. 12.

Es sei ausdrücklich darauf hingewiesen, daß die Zahlen für Sektoren und Branchen eines Landes als Herkunfts- und Empfängerland jeweils nur Anteile an der Gesamtsumme 100 darstellen, daß sie also nichts über die absolute Bedeutung des Landes als Herkunfts- oder als Empfängerland aussagen. Beispielsweise ist Japan als Herkunftsland von Direktinvestitionen von großer, als Empfängerland jedoch von ganz geringer Bedeutung. Die Zahlen von 30,3 % in der Branche Metall und 20,2 % in der Branche Handel in Tabelle 13 sagen also nicht aus, daß die Bestände dieser Branchen relativ weitgehend im Eigentum nicht-japanischer Firmen sind, sondern nur, daß von den wenigen Beständen in Japan die genannten Anteile sich in diesen Branchen befinden.

Im Vergleich von Tabelle 13 mit den Tabellen 12 und 11 wird deutlich, daß 1995 für alle aufgeführten europäischen Länder die Bedeutung des tertiären Sektors bei den inward-Investitionen noch höher ist als bei den outward-Investitionen. Für Deutschland erreicht er einen Anteil von 76,8 %, für Frankreich fast 60 %. Die Bedeutung des sekundären Sektors dagegen liegt für alle aufgeführten europäischen Länder und die USA im Jahr 1995 unter 50 %, am niedrigsten in Deutschland mit einem Anteil von nur noch 22,7 %, gefolgt vom UK mit 31,4 %; in den Niederlanden liegt er mit 44,8 % noch am höchsten. Nur in Kanada und in Japan ist der Anteil des sekundären Sektors noch über 50 %.

Im tertiären Sektor spielt die Branche Finanzen eine besonders wichtige Rolle. Frankreich liegt hierbei an der Spitze. Mit einem Anteil von 43,7 % der inward investments ist der Finanzsektor Hauptziel der nach Frankreich fließenden Direktinvestitionen, und mit einem Anteil von 37,7 % ist er auch größter Posten bei den outward investments. Ebenfalls sehr hoch ist der Anteil des Finanzsektors für die USA sowohl bei den inward-Investitionen (30,6 %) als auch bei den outward-Investitionen (33,8 %). Für Deutschland und die Niederlande spielt der Finanzsektor noch keine ganz so bedeutende Rolle. Allerdings besteht eine gewisse Unsicherheit hinsichtlich der Vergleichbarkeit des Zahlenmaterials; z.B. ist nicht festzustellen, ob vielleicht gewisse Finanzdienstleistungen unter „business activities" laufen, die für Deutschland zusammen mit „Immobilien" ausgewiesen werden (ebenso im UK) und mit 28 % bei den outward-Investitionen und 52,4 % bei den hereinkommenden Direktinvestitionen einen sehr hohen Anteil haben. Wie sich die „business activities" zusammensetzen, ist für Deutschland nur in einer Fußnote der OECD-Quelle mit dem Hinweis angedeutet, daß Werbung („advertising") eingeschlossen ist. Es könnte sein, daß auch die Tätigkeit von Beratungsfirmen beteiligt ist. In den Niederlanden ist der Anteil der „sonstigen Dienstleistungen", die nicht näher definiert sind, mit 27 % bzw. 20,4 % besonders hoch. Es hat den Anschein, daß die statistische Zuordnung verschiedener Dienstleistungen in den einzelnen Ländern nicht ganz einheitlich erfolgt.

III.2.2. Direktinvestitionen zwischen den Blöcken der Triade: Europa, Nordamerika und Japan

In den bisher dargestellten Abschnitten dieses Kapitels wurde die Internationalisierung einzelner Länder als Herkunfts- oder Empfängerländer mittels Beständen oder Strömen an Direktinvestitionen verdeutlicht. Im folgenden Abschnitt geht es darum, die Internationalisierung nicht aus der Sicht einzelner Länder, sondern aus der Sicht der weltwirtschaftlich drei wichtigsten Blöcke von Ländern zu erläutern.

Der Triadeblock „Nordamerika“ besteht aus den USA und Kanada - wie in einigen bereits dargestellten Tabellen. Der Block „Europa“ besteht aus den Ländern des Europäischen Wirtschaftsraumes EWR, also aus den Ländern der Europäischen Union EU und der Europäischen Freihandelszone EFTA, und der Block „Japan“ nur aus diesem Land. Der wirtschaftlich stärkste Block „Nordamerika“ vertritt eine Bevölkerung, die mit rd. 290 Millionen mehr als doppelt so groß ist wie die des kleinsten Blocks „Japan“ mit rd. 125 Millionen Menschen. „Europa“ umfaßt mit rd. 375 Millionen etwa dreimal so viele Einwohner wie „Japan“ (IWD 1997, Tab. 139).

Die Rechtfertigung dafür, sich bei der Untersuchung weltwirtschaftlicher Probleme auf die so abgegrenzten Blöcke zu konzentrieren, besteht darin, daß diese Blöcke zwar nur etwa ein Sechstel der Weltbevölkerung umfassen, aber etwa zwei Drittel des Weltsozialproduktes und der Weltexporte sowie etwa neun Zehntel des Weltkapitalverkehrs auf sich vereinen. Diese besonders starke wirtschaftliche Aktivität der Triade-Blöcke sowie ihrer Vernetzung durch Handels- und Kapitalverkehr soll hier anhand der Entwicklung der Direktinvestitionsbestände ergänzt werden.

Sicherlich wäre es zweckmäßig, zukünftig den Block „Nordamerika“ auf den Integrationsraum der Nordamerikanischen Freihandelszone NAFTA, den Block „Europa“ um die mittel- und osteuropäischen Transformationsländer, und den Block „Asien“ um die vier „kleinen Tiger“, Hongkong, Singapur, Südkorea und Taiwan, sowie um die „zweite Generation der Schwellenländer“, Indonesien, Malaysia und Thailand sowie um China zu erweitern (vgl. auch DIECKHEUER/LANGENFURTH/LUEB 1955, S. 3 f.). Gegenstand der Untersuchung wären dann die Blöcke einer „Neuen Triade“. Da die Daten für die „alte“ Triade für das Jahr 1991 fertig vorliegen, beschränken wir uns auf diese. Das hat auch den Vorteil, die Rolle Japans bei den Direktinvestitionen seit den 80-er Jahren betrachten zu können.

Abb. 26: Bestände an Direktinvestitionen in der Triade., Ende 1991 (bewertet in Mrd. US-$) und durchschnittliche jährliche Veränderungsraten von 1980 - 1991 (in %)

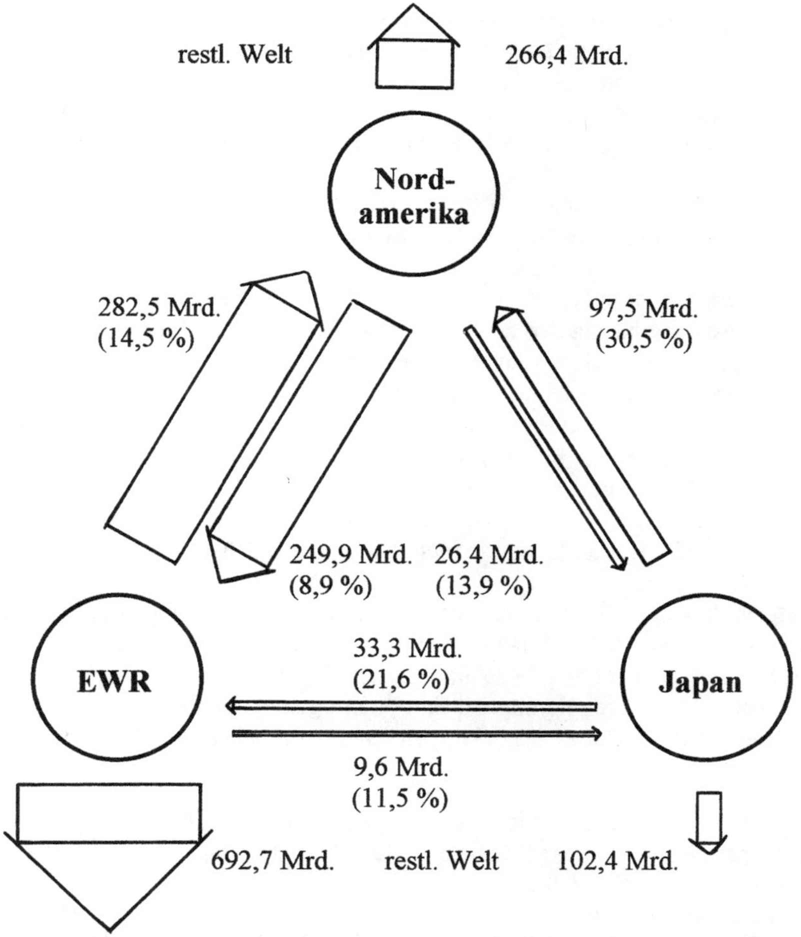

Quelle: Schultz, S.: Auslandsinvestitionen ostasiatischer Länder in Europa und in der Bundesrepublik Deutschland. DIW Beiträge zur Strukturforschung. Berlin 1995, Heft 120, S. 48. Nach Schätzungen auf der Grundlage von United Nations: World Investment Report 1993, S. 44, aktualisiert aus der UNCTAD Datenbank (Programme on Transnational Corporations). EWR ohne Island +Liechtenstein.

Die Bedeutung der weiteren Länder Asiens soll in Abschnitt III.2.3. über die asiatischen Schwellenländer als Herkunftsländer von Direktinvestitionen sowie in Abschnitt III.3.3. über die regionale Integration asiatischer Volkswirtschaften durch Direktinvestitionen diskutiert werden.

Abb. 26 zeigt die *Struktur der zweiseitigen Außenverflechtung* der Triade-Blöcke mittels in US-$ gemessenen Beständen an Direktinvestitionen Ende 1991 sowie den Direktinvestitionsbestand jedes Blocks in der restlichen (Nicht-Triade-)Welt. Der jeweils genannte Prozentsatz bezieht sich auf die durchschnittliche jährliche Veränderung der Bestände von 1980 bis 1991.

Die Abbildung läßt folgende Aussagen zu:

- Europa ist der weitaus größte Eigner von Beständen an Direktinvestitionen, die sich zu etwa zwei Dritteln in der „restlichen Welt" und zu einem Drittel in Nordamerika befinden.
- Die Bestände Nordamerikas in Europa machen zwar knapp die Hälfte aller Bestände Nordamerikas aus; sie werden aber bereits übertroffen von den Beständen Europas in Nordamerika.
- Die Bestände Nordamerikas und Europas in Japan sind noch ganz gering.
- Die Bestände Japans machen insgesamt noch weniger als ein Viertel der Bestände Europas aus: von diesen Beständen entfällt knapp die Hälfte auf Nordamerika und weniger als ein Sechstel auf Europa. Die Wachstumsraten der Bestände sind jedoch die weitaus höchsten von allen.

Obgleich Japan noch längst nicht die Bedeutung Europas oder Nordamerikas erreicht hat, ist seine Rolle als Block der Triade äußerst bemerkenswert. Die hohen Wachstumsraten der japanischen Direktinvestitionsbestände in Nordamerika und Europa bringen zum Ausdruck, daß Japan die Bereitschaft dieser Blöcke zur Internationalisierung der Volkswirtschaften nutzt.

Hingegen ist Japan hinsichtlich ausländischer Direktinvestitionen im eigenen Land geradezu zurückgeblieben. Ähnlich wie Japan nicht-tarifärer Protektionismus bei Güterimporten vorgeworfen wird, mag es auch zutreffen, daß die japanische Wirtschaftspolitik keinerlei Standortvorteile für ausländische Direktinvestitionen zu schaffen bereit war. Die lange Zeit vorherrschende Unterbewertung des Yen machte ausländische Direktinvestitionen in Japan auch teuer. Ebenso wie die Außenwirtschaftspartner Japan zur Liberalisierung seiner Güterimporte drängen, sollten sie versuchen, Japan vor der Vorteilhaftigkeit zweiseitiger internationaler Verflechtungen mittels Direktinvestitionen zu überzeugen.

Die in Abb. 26 zum Ausdruck kommende enge zweiseitige Verknüpfung Nordamerikas mit Europa, aber auch die mehr einseitige, stark wachsende Verknüpfung Japans mit Nordamerika und Europa machen die Bedeutung der Direktinvestitionen deutlich. Es liegt nahe, den sich von der „restlichen Welt“ immer stärker abhebenden wirtschaftlichen Wohlstand der Triade auch mit den Wirkungen der Direktinvestitionen in Form von Headquarter Services und Technologie-Transfer sowie mit den Linkages und Spillover-Effekten in Verbindung zu bringen. Diese Wirkungen lassen für die Triade besondere Wachstumskräfte vermuten, wie sie mit der Humankapitalbildung und deren Skaleneffekten auch in der Neuen Wachstumstheorie beschrieben werden (vgl. II.4.3. und II.5). Zwar sind auch die Direktinvestitionsbestände Europas und Nordamerikas in der „restlichen Welt“ sehr beachtlich, jedoch ist anzunehmen, daß deren Wirkungen in den durchschnittlich weniger entwickelten Ländern schwächer sind bzw. langsamer greifen.

III.2.3. Direktinvestitionen asiatischer Entwicklungsländer, insbesondere der „kleinen Tiger“

Im Vorabschnitt stand der Block „Japan“ für ganz Asien, weil dieses Land sowohl durch seine Exportüberschüsse als auch durch seine Direktinvestitionen in den beiden anderen Blöcken der Triade auffiel. In diesem Abschnitt sollen die Schwellenländer Südost- und Ostasiens, die - anders als Japan - noch im Entwicklungsstadium stehen, in den Mittelpunkt rücken, und zwar als Herkunftsländer von Direktinvestitionen. Daß wirtschaftlich relativ rückständige Länder gewisse Standortvorteile, insbesondere durch niedriges Lohnniveau, bieten und damit Empfängerländer von Direktinvestitionen sind, ist selbstverständlich und soll hier nicht Gegenstand der Untersuchung sein. Soweit Direktinvestitionen in diesen Ländern aus anderen asiatischen Ländern kommen, werden sie im nächsten Abschnitt III.3 als Wirkungen asiatischer regionaler Integration interpretiert. Verdeutlicht werden soll hier vielmehr der Sachverhalt, daß Firmen aus sich neu industrialisierenden Ländern ihrerseits Direktinvestitionen im Ausland, und zwar auch in bereits hoch entwickelten Ländern, durchführen. Bereits in frühen Phasen der wirtschaftlichen Entwicklung werden aus den einseitigen Direktinvestitionen in diesen Ländern zweiseitige Direktinvestitionsverflechtungen, auch wenn der Saldo eines Landes aus empfangenen und selbst im Ausland getätigten Direktinvestitionen zunächst noch negativ ist und damit einen Netto-Kapitalimport bei den Direktinvestitionen anzeigt.

Typisch für einen frühen Beginn mit Direktinvestitionen im Ausland sind die vier „kleinen Tiger“ Hongkong, Singapur, Südkorea und Taiwan. Ähn-lich wie Japan setzten diese Länder auf die Strategie einer Entwicklung durch Forcierung der Güterexporte, so daß ihre Leistungsbilanzen seit den 80-er Jahren Überschüsse ausweisen, die insgesamt Netto-Kapitalexporte implizieren und damit auch genügend Spielraum für Direktinvestitionen im Ausland schufen.

Tabelle 14 beschreibt die Entwicklung der Bestände von outward investments ostasiatischer Länder jeweils zum Jahresende 1980, 1985, 1990 und 1992, sowie die durchschnittliche jährlich prozentuale Zunahme dieser Bestände in den Zeiträumen 1985- 1990 und 1990-1992. Die vier „kleinen Tiger“ erreichten 1992 zwar nur einen Bestand an Direktinvestitionen im Ausland, der zwischen 2 % und 6 % des japanischen Bestandes ausmachte; bemerkenswert ist aber, daß die durchschnittlichen Wachstumsraten zwischen 1985 und 1990 außergewöhnlich hoch waren und zwischen 1990 und 1992 die verminderte japanische Wachstumsrate deutlich übertrafen.

Tab. 14: Bestände an Direktinvestitionen ostasiatischer Herkunftsländer in Mrd. US-$ (bewertet zum jeweiligen Wechselkurs) und durchschnittliche Zunahme pro Jahr (in %)

Herkunftsland	**1980**	**1985**	**1990**	**1992**	**durchschnittliche jährliche Zunahme**	
					1985-90	1990-92
Japan*	16,57	42,03	202,45	250,43	36,9 %	11,2 %
Tiger-Staaten						
Honkong	n.v.	9,44	14,02	14.02	8,2 %	n.v.
Singapur*	0,65	1,32	4,06	6,56	25,2 %	27,2 %
Südkorea	0,14	0,48	2,17**	4,58**	34,9 %	45,1 %
Taiwan	0,01	0,20	12,89	16,44	129,1 %	13,0 %
andere Staaten						
Malaysia*	0,414	0,749	1,469	1,469	14,4 %	n.v.
Thailand	0,013	0,014	0,398**	0,701**	95,3 %	32,7 %
China	n.v.	0,131	2,489**	7,401**	80,2 %	72,4 %

Quelle: SCHULTZ, S.: Auslandinvestitionen ostasiatischer Länder in Europa und in der Bundesrepublik Deutschland. DIW Beiträge zur Strukturforschung, Heft 160, Berlin 1995, S. 86, Tab. 3.19; errechnet aus UN, World Investment Report, New York/Genf 1994.
* Kumulierte Ströme seit 1970,** Hochrechnung des Bestandes von 1989 mit Strömen.

Tabelle 15 verdeutlicht, in welcher Weise sich die Bestände der asiatischen Herkunftsländer auf entwickelte Industrieländer einerseits und auf Entwicklungsländer andererseits verteilten, und wie sich diese Verteilung im vergangenen Jahrzehnt verändert hat. Südkorea, Taiwan, Thailand und China hielten schon 1980 ein Drittel bis zur Hälfte ihrer Bestände in Industrieländern. Für Hongkong, Singapur, Südkorea und China sind die in Industrieländern gehaltenen Anteile im Laufe der 80-er Jahre stark angestiegen.

Tab. 15: Anteile der Bestände von Direktinvestitionen ostasiatischer Herkunftsländer in Industrieländern und Entwicklungsländern

Herkunftsland	Jahr	%-Anteil Industrieländer	%-Anteil Entwicklungsländer
Tiger-Staaten			
Hongkong	1980	8 %	92 %
	1990	18 %	82 %
Singapur	1980	9 %	91 %
	1989	21 %	79 %
Südkorea	1980	32 %	68 %
	1991	56 %	44 %
Taiwan	1980	57 %	43 %
	1991	49 %	51 %
andere Staaten			
Thailand	1980	47 %	53 %
	1990	36 %	64 %
China	1980	34 %	66 %
	1987	71 %	29 %

Quelle: Berechnet nach SCHULTZ, S.: Auslandsinvestitionen ostasiatischer Länder in Europa und in der Bundesrepublik Deutschland. DIW Beiträge zur Strukturforschung, Heft 160, Berlin 1995, S.85, Tab. 3.18. Dessen Zahlen beruhen auf: United Nations, Transnational Corporations from Developing Countries. Impact on their Home Countries. New York 1993, Tab. II.3.

Tabelle 16 gibt Auskunft darüber, welches die wichtigsten Empfängerländer der Direktinvestitionen von „kleinen Tiger"-Staaten sind. Während die

Zahlen der Tabellen 14 und 15 auf UN-Statistiken basieren, stützt sich Tabelle 16 auf OECD-Statistiken, und zwar entweder auf Stromgrößen (für Südkorea und Taiwan auf die vom Herkunftsland genehmigten Projekte) oder auf Bestandsgrößen, jeweils für zwei Jahre.

Tab. 16: Die „kleinen Tiger“ als Herkunftsländer von Direktinvestitionen in Mill. US-$ (bewertet zum jeweiligen Wechselkurs)

Herkunftsländer / Bestimmungsländer	**Hongkong** (Stromgrößen)		**Südkorea*** (Stromgrößen)		**Singapur** (Bestandsgrößen)		**Taiwan*** (Stromgrößen)	
	1984	1988	1982	1991	1982	1988	1988	1993
Europa	n.v.	n.v.	2	69	27	156	12	256
BRDeutschl.	n.v.	n.v.	1	14	-	12	3	5
Frankreich	n.v.	n.v.	-	3	-	n.v.	n.v.	-
Niederlande	n.v.	n.v.	-	1	-	n.v.	n.v.	11
UK	n.v.	n.v.	1	33	27	27	1	238
Nordamerika	639	3.217	42	447	21	123	123	529
Kanada	-	n.v.	35	68	-	39	-	-
USA	639	n.v.	7	379	21	84	123	529
Asien								
Japan	39	44	1	14	n.v.	18	2	63
Süd-Südost-A.	1.114	4.405	36	411	741	1.021	68	438
Gesamt**	**2264**	**7.666**	**115**	**1.039**	**975**	**1.554**	**219**	**1.661**

Quelle: Zusammengestellt aus den Tab. 3.10, 3.13, 3.14, 3.16 bei SCHULTZ, S.: Auslandsinvestitionen ostasiatischer Länder in Europa und der Bundesrepublik Deutschland, DIW Beiträge zur Strukturforschung, Heft 160, S. 67 ff., Berlin 1995. Die Tabellen stützen sich auf OECD, Statistics on International Direct Investment of Dynamic Non-Member Economies in Asia and Latin America, Paris 1994.
* auf Genehmigungsbasis,
** Da nur ausgewählte Bestimmungsländer berücksichtigt werden, kann die Gesamtzahl größer sein als die Summe der einzelnen Beträge eines Herkunftslandes.

Die Tabelle zeigt zum einen, daß sich die Direktinvestitionen Südkoreas und Taiwans von kleinen Zahlen aus am stärksten gesteigert haben, daß jedoch Hongkong das absolut stärkste der Herkunftsländer ist. Für Taiwan ergibt sich für den angegebenen 5-Jahreszeitraum 1988 - 1993 eine jährliche Steigerungsrate der Ströme von 152 %, für Südkorea für den 10-

Jahreszeitraum bis 1991 eine solche von 90 %, also auch fast eine Verdoppelung pro Jahr. Die Zuwachsrate für Hongkong liegt mit 85 % jährlich etwas niedriger; allerdings reichen die Daten nur bis 1988, neuere Daten sind hier leider nicht verfügbar. Für Singapur liegen nur Bestandsgrößen vor; die Bestände nahmen durchschnittlich um 25 % pro Jahr zu.

Die Tabelle macht zum anderen deutlich, daß zwar auch Länder in Europa und Nordamerika, vor allem aber Länder in Süd- und Südostasien Empfängerländer von Direktinvestitionen der „kleinen Tiger" sind. Die Direktinvestitionen dieser Staaten geben also nicht nur Zeugnis davon, daß Entwicklungsländer selbst in hochentwickelten Ländern durch ihre multinationalen Unternehmungen Fuß fassen, sondern insbesondere auch davon, daß sie in anderen Nachbarländern in Asien tätig werden. Der letztere Aspekt wird im Abschnitt III.3.3. noch einmal aufgegriffen, wo zu zeigen ist, daß sich die wirtschaftliche Integration ostasiatischer Länder in erheblichem Umfang durch Internationalisierung der Produktion mittels Direktinvestitionen vollzogen hat.

III.3. Direktinvestitionen und Integration von Volkswirtschaften

III.3.1. Formen der Integration von Volkswirtschaften und ihre Wirkungen auf Direktinvestitionen

Die internationale ökonomische Integration kann definiert werden als „amalgamation of separate economies brought about by removal of trade barriers and other impediments between participants and by establishment of elements of cooperation and coordination between them". (EL-AGRAA 1990, S. 1). Die Integration kann sich danach beziehen auf

- die Märkte für Güter (einschließlich Dienstleistungen) durch die Beseitigung von Handelshemmnissen sowie anderer Hindernisse zwischen Nachfragern und Anbietern der Güter in verschiedenen Ländern,
- die Kooperation und Koordination zwischen Partnern in verschiedenen Ländern.

Mit der letztgenannten Art der Integration werden ausdrücklich alle Varianten der Internationalisierung, wie sie in Abschnitt I.1.2. genannt wurden, in die internationale wirtschaftliche Integration mit einbezogen. Insbesondere sind auch Direktinvestitionen eines Herkunftslandes, mit denen in einem Empfängerland eine Tochter- oder Zweigfirma gegründet oder eine Beteiligung erworben oder verstärkt wird, Formen der Integration, weil sie dazu führen, daß Wirtschaftspartner in verschiedenen Ländern im Rahmen einer multinationalen Firma kooperieren oder koordiniert werden.

Der Begriff der wirtschaftlichen Integration wird allerdings häufig in Zusammenhang mit bestimmten Arten von internationalen institutionellen Vorkehrungen gebraucht. So lassen sich beispielsweise folgende *Stufen der Integration* unterscheiden (vgl. eine ähnliche Abgrenzung bei DIECKHEUER, 1990, S. 425 f.):

- Die *Präferenzzone*, in der sich zwei oder mehr Länder Vorzugsbedingungen, wie niedrige Zölle oder hohe Quoten für bestimmte Güter, einräumen.
- Die *Freihandelszone*, die eine Präferenzzone für alle Güter und Dienstleistungen impliziert, wobei jedoch die Außenhandelspolitik gegenüber Drittländern Sache der einzelnen Mitgliedsländer bleibt.
- Die *Zollunion*, die eine Freihandelszone mit einer gegenüber Drittländern gemeinsamen Außenhandelspolitik darstellt, also insbesondere gemeinsame Außenzölle, aber auch gemeinsame Quoten und andere außenhandelspolitische Maßnahmen impliziert.
- Der *Gemeinsame Markt*, der außer einer Zollunion für die Güter- und Dienstleistungsmärkte auch den Abbau von Mobilitätsschranken für Geldkapital und Produktionsfaktoren zwischen den Mitgliedsländern bedeutet und der damit auch die Wettbewerbsbedingungen sowohl für Güter als auch für Geld und Produktionsfaktoren in den Mitgliedsländern ähnlicher macht. Ein Sonderfall des Gemeinsamen Marktes für eine Branche (z.B. die Landwirtschaft) ist die *Gemeinsame Marktordnung.*
- Die *Wirtschaftsunion* ist ein Gemeinsamer Markt, in dem nicht nur die Wettbewerbsbedingungen, sondern alle Bereiche der Ordnungs- und Prozeßpolitik in den Mitgliedsländern harmonisiert sind.
- Ein *Einheitlicher Wirtschaftsraum* ist schließlich eine Wirtschaftsunion, welche die wirtschaftspolitischen Entscheidungskompetenzen der Mitgliedsländer einer von diesen gegründeten supranationalen Instanz übertragen hat. Normalerweise umfaßt die supranationale Wirtschaftspolitik eines einheit-lichen Wirtschaftsraumes alle Bereiche der Prozeßpolitik, also sowohl die Geld- als auch die Finanzpolitik. Beschränkt sich hingegen in der Prozeßpolitik der Einheitliche Wirtschaftsraum auf die Geldpolitik, so liegt der Sonderfall einer *Währungsunion* ohne supranationale Finanzpolitik vor.

In der Regel besteht die Vorstellung, daß die genannten Stufen der wirtschaftlichen Integration sich nur in der Reihenfolge „von oben nach unten" erreichen lassen. Der Eintritt von Ländern in eine bestimmte Stufe der Integration würde also voraussetzen, daß die institutionellen Vorkehrungen der vorhergehenden Stufen entweder zeitlich vorweg oder zumindest gleichzeitig realisiert werden.

Diese Vorstellung trifft weitgehend für die Europäische Union zu. Sie entwickelte sich von einer Zollunion zu einem Gemeinsamen Markt und strebt nach der Integrationsstufe einer Wirtschaftsunion, ja sogar eines Einheitlichen Wirtschaftsraumes bezüglich der Geldpolitik, also einer Währungsunion. Die Finanzpolitik soll in der Zuständigkeit der einzelnen Länder bleiben und durch einen Stabilitätspakt nur harmonisiert werden.

Im folgenden Abschnitt III.3.2. soll die Europäische Union mit ihrer Entwicklung als ein Beispiel dafür untersucht werden, daß sich die Integration im Stadium der Zollunion zunächst vorwiegend auf die Integration der Gütermärkte bezog. Zu dieser Integration kam erst mit dem Stadium des Gemeinsamen Marktes eine Integration der Geld- und Faktormärkte hinzu, die auch den Direktinvestitionen und damit einer Internationalisierung der Produktion innerhalb der Europäischen Union einen zusätzlichen Anschub gaben.

Es soll allerdings gezeigt werden, daß die Einhaltung der oben genannten Reihenfolge der Integrationsstufen nicht notwendige Voraussetzung für die Internationalisierung der Produktion durch Direktinvestitionen ist. Die Integration der Geld- und Faktormärkte kann der Integration der Gütermärkte auch vorausgehen, und zwar auch ohne die institutionelle Einrichtung von internationalen Organisationen.

Die Internationalisierung der Weltwirtschaft geht nicht allein durch Globalisierung, also weltweite Integration von Güter-, Geld- und Faktormärkten, vonstatten. Typisch sind vielmehr auf einzelne Regionen konzentrierte wirtschaftliche Integrationen.

Die bekanntesten Institutionen dieser regionalen Integration sind
- in *Europa* die EFTA (European Free Trade Association), und die EU (Europäische Union),
- in *Nordamerika* die NAFTA (North American Trade Area),
- in *Mittel- und Südamerika* die CACM (Central American Common Market) und die LAIA (Latin American Integration Association),

- in *Afrika* die ECCAS (Economic Community of Central African States),
- in *Asien* die AFTA (Asian Free Trade Area).

Die Institutionen der regionalen Integration fördern vor allem die Integration der Gütermärkte und über den Abbau von Hemmnissen des internationalen Güterverkehrs die Integration durch Außenhandel. Da die integrativen Verbindungen der Länder auf Güter- und Dienstleistungsmärkten grundsätzlich relativ leicht und schnell wieder gelöst werden können, bezeichnete man die von Institutionen und ihrer Politik geförderte regionale *Handelsintegration* auch als *„shallow integration"*. Demgegenüber ist die durch Direktinvestitionen von multinationalen Unternehmungen betriebene Internationalisierung der Produktion auch ohne zwischenstaatliche Institutionen möglich und typischerweise auf längere Zeit angelegt; diese Art der *Produktionsintegration* wird daher kontrastierend als *„deep integration"* bezeichnet (vgl. UNCTAD 1994, S.114, SANDER 1995, S. 211).

Wenn in den folgenden Abschnitten die Europäische Union und Ostasien beispielhaft untersucht werden, geht es auch darum zu zeigen, daß

- in Europa der Schwerpunkt bis in die 80-er Jahre zur Zeit der Zollunion auf der „shallow" Handelsintegration lag, der erst in den 90-er Jahren mit dem Gemeinsamen Markt ein Aufholen der „deep" Produktionsintegration folgte,
- in Asien der Schwerpunkt der ost- und südostasiatischen Länder zunächst stärker auf der „deep" Produktionsintegration lag, während die Handelsintegration dieser Länder erst für die Zukunft erwartet werden kann.

III.3.2. Die europäische Integration: Von der Handelsintegration zur Produktionsintegration mittels Direktinvestitionen

III.3.2.1. Zur Geschichte der europäischen Integration

Die europäische Integration begann in der Nachkriegszeit zunächst auf der Basis von Branchen. 1951 wurde die *Europäische Gemeinschaft für Kohle und Stahl* zwischen den Ländern Frankreich, der Bundesrepublik Deutschland, Italien, Belgien, Luxemburg und den Niederlanden gegründet, durch die Subventionen der Länder und kartellartiges Verhalten der Firmen unter Kontrolle gebracht sowie Handelsschranken abgebaut werden sollten. 1957 kam das *Euratom-Abkommen* hinzu, das die Zusammenarbeit in der Entwicklung nichtmilitärisch genutzter Kernkraft fördern sollte.

Die gleichen sechs Länder gründeten 1957 mit den *Römischen Verträgen* die *Europäische Wirtschaftsgemeinschaft*, die das Ziel hatte, durch Schaffung eines gemeinsamen Marktes und allmähliche Angleichung der Wirtschaftspolitik ein dauerhaftes und ausgeglichenes Wachstum zu schaffen, die Stabilität zu steigern und den Lebensstandard der Bevölkerung schneller steigen zu lassen (vgl. Art. 2 des Vertrages). Diese Ziele sollten u.a. erreicht werden durch folgende Mittel (vgl. Art. 3):

- Beseitigung von Zöllen und Quoten zwischen den Mitgliedsländern und Einführung eines gemeinsamen Außenzolls und einer gemeinsamen Handelspolitik gegenüber Drittländern,
- freie Beweglichkeit von Personen, Diensten und Kapital zwischen den Mitgliedsländern.

Das erste dieser Mittel hat die Einrichtung einer Zollunion zum Inhalt; sie wurde bis zum Jahr 1968 erreicht. Das zweite Mittel beinhaltet den Abbau von Mobilitätsschranken für Geldkapital sowie Produktionsfaktoren und fordert damit die Errichtung eines Gemeinsamen Marktes. Die Vollendung des Gemeinsamen Marktes wurde 1987 in der *Einheitlichen Europäischen Akte* - einer Ergänzung zu den Römischen Verträgen - zum 1.1.1993 beschlossen.

Mit dem *Vertrag von Maastricht* aus dem Jahr 1992 wurde aus der Europäischen Wirtschaftsgemeinschaft die *Europäische Union*. Mit diesem Vertrag wird die Integrationsstufe einer Wirtschaftsunion angestrebt. Es geht sogar um einen einheitlichen Wirtschaftsraum bezüglich der Geld-politik, denn der wichtigste Fortschritt soll in der Gründung einer *Währungsunion* bestehen. Diese Währungsunion soll in drei Phasen erreicht werden.

Die *erste Phase* vom 1.7.1990 bis zum 31.12.1992 war die der Vervollständigung des freien Kapitalverkehrs, der Vollendung des Gemeinsamen Binnenmarktes und des Beginns eines monetären und fiskalischen Konvergenzprozesses der potentiellen Mitgliedsländer. Die *zweite Phase* vom 1.1.1994 bis zum 31.12.1998 ist die der Herstellung der Unabhängigkeit der Zentralbanken der Länder, der Gründung eines Europäischen Währungsinstituts und des weiteren Ausbaus der Konvergenz. Bis zum 1.7.1998 wurde entschieden, welche Länder der Währungsunion sofort angehören. Am 1.1.1999 beginnt die *dritte Phase*, in der, nach einer endgültigen und unwiderruflichen Fixierung der Wechselkurse der die Währungsunion bildenden Länder, eine unabhängige Europäische Zentralbank die europäische Geldpolitik übernimmt und bis zum Jahr 2002 die neue europäische Währung, den Euro, einführt.

Die Finanzpolitik, die in der Zuständigkeit der Mitgliedsländer bleibt, soll durch einen 1996 geschlossenen *Stabilitätspakt* eine dauerhafte auch fiskalische Konvergenz der Mitgliedsländer sicherstellen.

Zur Zeit arbeiten die Mitgliedsländer der Europäischen Union an einem Maastricht II-Abkommen, durch das insbesondere eine gemeinsame Außen- und Sicherheitspolitik sowie die Zusammenarbeit in der Innenpolitik gefördert werden sollen. Diese weniger auf wirtschaftliche als auf politische Felder gerichteten Bestrebungen erinnern daran, daß neben der wirtschaftlichen auch die politische Integration Europas zur Zielsetzung der Europäischen Union gehört.

Die Römischen Verträge wurden ursprünglich von sechs Ländern, Frankreich, der Bundesrepublik Deutschland, Italien, Belgien, Luxemburg und den Niederlanden geschlossen. Der von diesen Ländern gebildeten Zollunion traten 1973 Dänemark, Irland und das UK bei, 1981 Griechenland und 1986 Spanien und Portugal, so daß die Europäische Wirtschaftsgemeinschaft dann 12 Länder umfaßte. Zur Zeit des Gemeinsamen Marktes im Jahr 1995 traten Österreich, Finnland und Schweden der Europäischen Union bei, die nun aus 15 Ländern besteht. Von diesen Ländern wurde Griechenland noch nicht zugelassen, während Dänemark, das UK sowie Schweden vorerst auf eine Mitgliedschaft in der Währungsunion verzichten.

Polen, Ungarn und Tschechien sind der Europäischen Union schon jetzt durch besondere Assoziierungsabkommen verbunden. Außerdem wünschen Bulgarien, Estland, Lettland, Littauen, Rumänien, Slowakien, Slowenien sowie die Inselstaaten Zypern und Malta die Aufnahme.

Dieser kurze Abriß der Geschichte der Europäischen Union macht zugleich die Einmaligkeit der europäischen Integrationsbestrebungen klar. Die Europäische Union ist „the only entity with a fully fledged single market and a supranational authority“ (FISCHER 1998, S.12). Bereits als Zollunion verstieß sie zwar gegen die im GATT (General Agreement on Tariffs and Trade) kodifizierte Meistbegünstigungsklausel. Nach dieser Klausel hat ein Land die einem anderen Land gewährten Begünstigungen auch gegenüber allen anderen Ländern anzuwenden. Diese Begünstigung trifft bei der Zollunion nur für die Zollfreiheit von Mitgliedsländern, jedoch nicht für die vom gemeinsamen Außenzoll betroffenen Drittländer zu. Nach Art. 24 des GATT ist jedoch bei regionalen Integrationen die Nichtanwendung der Meistbegünstigung möglich, denn solche Integrationen werden als

Zwischenschritte zur weltweiten Liberalisierung im Sinne des GATT aufgefaßt. Auch die höheren Integrationsstufen der Europäischen Union in der Form des Gemeinsamen Marktes und schließlich der Währungsunion sind - trotz ihrer Diskriminierung von Drittländern - als regionale Integration nach dem GATT bzw. dem Nachfolgeabkommen WTA (World Trade Agreement) zulässig.

III.3.2.2. Zur europäischen Handelsintegration

Die präferierende Wirkung für Mitgliedsländer einer Zollunion oder einer höheren Integrationsstufe besteht beim Außenhandel mit Gütern (einschließlich Dienstleistungen) in der *Handelsschaffung*, die diskriminierende Wirkung für Drittländer in der *Handelsablenkung*; diese Bezeichnungen stammen von VINER, die Argumentation erfolgt hier nach BRÜNING (1969). In der Zollunion könnte z.B. ein Mitgliedsland A von einem Mitgliedsland B zollfrei Güter importieren, die in einem Drittland C günstiger als in B angeboten, jedoch durch den Außenzoll der Zollunion verteuert sind. Der Außenhandel wird innerhalb der Zollunion also begünstigt, und dies wirkt handelschaffend. Der Außenhandel mit Drittländern dagegen wird benachteiligt und auf Mitgliedsländer abgelenkt. Da das GATT in den weltweiten Zoll-Verhandlungsrunden eine allgemeine Absenkung der Zölle erreichte, sind die durch Zollunionen verursachten Wirkungen tendenziell kleiner geworden. - Ähnliche Wirkungen auf den Außenhandel gelten grundsätzlich auch für nicht-tarifäre Handelshemmnisse sowie für die höheren Integrationsstufen des Gemeinsamen Marktes und der Währungsunion.

Die Europäische Wirtschaftsgemeinschaft und die Europäische Union förderten und fördern also grundsätzlich eine „shallow integration" der Mitgliedsländer durch Handel. Die Zollunion, die bereits 1968 für die damals sechs Länder erreicht war und auf die später beigetretenen neun weiteren Mitglieder erweitert wurde, bedeutete die Abschaffung von Zöllen und eine starke Verminderung nicht-tarifärer Handelshemmnisse zwischen den Mitgliedsländern. Da die Außenzölle tendenziell ebenfalls abnahmen, hat die Wirkung der Handelsschaffung der Zollunion zweifellos die Wirkung der Handelsablenkung deutlich übertroffen.

Tab. 17: Exporte von EU-Ländern in die Welt und in andere EU-Länder (in 1000 US-$)

EU-Herkunftsland	Jahr	Exporte in Welt	Exporte in EU-Länder	%-Anteil EU/Weltexport
Belgien/Luxemburg	1985	53.316	36.892	69,2 %
	1993	164.858	117.480	71,3 %
BR Deutschland	1985	183.334	86.880	47,4 %
	1995	507.603	289.890	57,1 %
Frankreich	1985	97.457	48384	49,7 %
	1995	283.600	179.890	63,4 %
Italien	1985	78.943	36.326	46,0 %
	1995	231.266	131.566	56,9 %
Niederlande	1985	68.282	49.538	72,6 %
	1995	177.179	126.418	71,4 %
Dänemark	1985	16.469	6.965	42,3 %
	1995	47.217	28.294	59,9 %
Griechenland	1985	4.536	2.420	53,4 %
	1994	9399	5.081	54,1 %
Irland	1985	10.399	7.020	67,5 %
	1995	43.953	31.767	72,3 %
Portugal	1985	5.253	2.820	53,7 %
	1995	22.787	18.307	83,3 %
Spanien	1985	24.307	12.122	49,9 %
	1995	89.257	64.489	72,3 %
UK	1985	101.096	46.742	46,2 %
	1995	239.713	137.803	57,5 %
Finnland	1985	13.609	4.792	35,2 %
	1994	29.754	13.406	45,1 %
Österreich	1985	17.102	9.272	54,2 %
	1995	65.060	28.352	43,6 %
Schweden	1985	30.403	14.300	47.0 %
	1995	61.242	32.461	53,0 %

Quelle: Eigene Berechnungen nach: United Nations: International Trade Statistics Yearbook 1985 (Vol. I) und 1995 (Vol. I), New York 1986 bzw.1996.

Diese Wirkungen haben sich im Europäischen Gemeinsamen Markt durch die Annäherung der Wettbewerbsbedingungen fortgesetzt. Weitere Integrationswirkungen auf den Handel sind in der Währungsunion durch den Wegfall der Wechselkursunsicherheit und der Kosten des Geldumtausches zu erwarten.

Die europäische Handelsintegration wird in *Tabelle 17* verdeutlicht, welche die in US-$ bewerteten Exporte der jeweiligen Mitgliedsländer in den Jahren 1985 und 1994/1995 zum einen in die Welt, zum anderen in die übrigen Mitgliedsländer der Europäischen Union darstellt. Es zeigt sich, daß bereits 1985 ein sehr hoher Anteil der Gesamtexporte der Mitgliedsländer in die Europäische Union ging. Dieser Anteil war für Belgien/Luxemburg mit 69 % am höchsten und - nach dem damaligen Stand der Mitgliedsländer - für Dänemark am geringsten. Der Anteil des auf andere Mitgliedsländer der Union entfallenden Exports erhöhte sich in dem Jahrzehnt von 1985 bis 1995 in allen Ländern deutlich, und zwar am meisten in den Ländern, deren Außenhandel besonders stark expandierte, wie in Spanien und Portugal. Die Wirkungen der Handelsintegration waren also bereits zu den Zeiten der europäischen Zollunion sehr ausgeprägt; sie wurden jedoch durch den Gemeinsamen Markt noch einmal erheblich verstärkt. Eine Ausnahme macht in Tabelle 17 nur Österreich, dessen Exporte insgesamt etwas stärker wuchsen als die Exporte in andere Länder der Europäischen Union.

III.3.2.3. Zur europäischen Produktionsintegration mittels Direktinvestitionen

Es ist nun zu prüfen, ob und in welcher Weise eine regionale Integration wie die europäische auch Direktinvestitionen zwischen den Mitglieds-ländern und damit eine „deep integration“ fördert.

Eine Zollunion beseitigt die Zollsätze zwischen den Mitgliedsländern, reduziert also die Kosten des Außenhandels; sie könnte also für solche Direktinvestitionen, die mit dem Export von Kapitalgütern verbunden sind, vorteilhaft sein. Soweit die Direktinvestitionen am Kapitalmarkt des Empfängerlandes finanziert werden (vgl. dazu Abschnitt II.4.1.), werden sie durch die Abschaffung von Zöllen und von nicht-tarifären Handelshemmnissen nicht unmittelbar bevorteilt. Eine Zollunion fördert die mit Direktinvestitionen einhergehende Produktionsintegration jedenfalls weniger deutlich als die Handelsintegration.

Zu untersuchen bleibt nun, ob von einem Gemeinsamen Markt oder einer noch höheren Integrationsstufe neben der Handelsintegration auch relativ stärkere Wirkungen auf die Produktionsintegration zu erwarten sind. Mit dem Abbau von Mobilitätsschranken für Geldkapital und Produktionsfaktoren werden in einem Gemeinsamen Markt die Wettbewerbsbedingungen und damit auch Zinssätze und Faktorpreise änlicher, wenn auch keineswegs gleich. Da die Ordnungs- und Prozeßpolitik der Mitgliedsländer in dieser Integrationsstufe nicht harmonisiert ist und beispielsweise die Sozialpolitik sehr unterschiedlich sein kann, sind die Standorte im Gemeinsamen Markt keineswegs in allen Mitgliedsländern gleich kostengünstig. Auch durch Wechselkursänderungen können sich die relativen Kosten in den Mitgliedsländern verschieben. Diese produktionskostenbedingten Standortunterschiede bieten also Anreize für Direkt-investitionen, so daß die Integrationsstufe des Gemeinsamen Marktes regelmäßig die Standorte in den Ländern als räumliche Ziele von Direktinvestitionen kostenähnlicher, aber nicht kostengleich macht.

In der von der Europäischen Union angestrebten Integrationsstufe einer *Währungsunion*, die als Spezialfall eines einheitlichen Wirtschaftsraumes ohne supranationale Finanzpolitik gesehen werden kann (vgl. Abschnitt III.3.1.), entfallen Kostenverschiebungen durch Wechselkursveränderungen. Damit werden die Kosten in den Mitgliedsländern noch ähnlicher.

Wenn über die verschiedenen Stufen einer wirtschaftlichen Integration sowohl die Chancen für Exporte in andere Mitgliedsländer wachsen als auch die Kosten für die Produktion in den Mitgliedsländern ähnlicher werden, ist noch nicht entschieden, ob außer der Handelsintegration auch eine Produktionsintegration lohnender wird. Es könnte sein, daß der Abbau von tarifären und nicht-tarifären Handelshemmnissen den Schwerpunkt der Integration auf den Handel verlegt. Nach der älteren Außenhandelstheorie wäre zu argumentieren, daß die komparativen Kostenvorteile der einzelnen Mitgliedsländer für einzelne Güter zwar durch die Integrationswirkungen eines Gemeinsamen Marktes auch für Kapital und Produktionsfaktoren geringer werden, daß das große Nachfragevolumen des Gemeinsamen Marktes es jedoch für ein Land sinnvoll macht, seine geringeren komparativen Kostenvorteile extensiver durch Güterexport zu nutzen. Eine Handelsintegration durch Export könnte durch Lizenzvergabe, Franchising oder Joint Ventures in anderen Mitgliedsländern unterstützt werden.

Zieht man jedoch die in Abschnitt I.2.2. erläuterte eklektische Theorie der Direktinvestitionen sowie die in Abschnitt I.2.3. dargestellte Transaktionskostentheorie heran, so wird deutlich, daß sich auf den Integrationsstufen wie denen der Europäischen Union auch Produktionsintegration mittels Direktinvestitionen erklären läßt. Nach der eklektischen Theorie von DUNNING können Eigentumsvorteile einer im Mitgliedsland A befindlichen Firma und Standortvorteile eines Mitgliedslandes B ergänzt werden durch Internalisierungsvorteile, die es für die Firma vorteilhaft machen, als multinationale Firma auch im Land B zu produzieren. Insbesondere lassen sich unternehmensspezifische Wettbewerbsvorteile wie Headquarter-Leistungen mit zunehmenden Skalenerträgen im Land A produzieren und im Land B in der Kombination mit anderen Produktionsfaktoren nutzen (vgl. dazu den im Abschnitt II.2.2. dargestellten CHAMBERLIN-HECKSCHER-OHLIN-Ansatz der Neuen Außenhandelstheorie).

Nach der Transaktionskostentheorie der Direktinvestitionen vermeidet eine bisher nur in Land A tätige Firma durch Direktinvestitionen und Produktion auch im Land B die mit dem Export eines Gutes sowie die insbesondere mit Lizenzen, Franchising- oder Joint Venture-Verträgen verbundenen Transaktionskosten. Durch Direktinvestitionen kann die Firma strukturelle Marktunvollkommenheiten ausnutzen, die ihr exklusive, monopolistische oder oligopolistische Wettbewerbsvorteile auch im Land B sichern. Außer diesen Vorteilen können es jedoch auch natürliche Marktunvollkommenheiten wie Informationsmängel sein, die Direktinvestitionen und Produktion auch im Land B als transaktionskostengünstiger erscheinen lassen. Die zu untersuchende Integration von Ländern wird in diesem Fall duch eine horizontale oder vertikale Integration von Produktionsprozessen mittels Direktinvestitionen einer multinationalen Firma vorangetrieben (vgl. Abb. 3).

Nach den vorgetragenen theoretischen Überlegungen könnten die von der Europäischen Union bisher durchlaufenen Stufen der Zollunion und des Gemeinsamen Marktes den Schwerpunkt des Integrationsprozesses der Länder zwar auf die Handelsintegration legen. Doch bleiben auch in dieser Integrationsstufe die Argumente der einzelwirtschaftlichen eklektischen Theorie und der Transaktionskostentheorie der Direktinvestitionen, die eine Internationalisierung der Produktion mittels Direktinvestitionenen innerhalb des Integrationsraumes vorteilhaft erscheinen lassen. Headquarter-Leistungen multinationaler Firmen und Spillover-Effekte in den Empfängerländern von Direktinvestitionen lassen es auch zu, die Produktionsintegration gesamtwirtschaftlich mit zunehmenden Skalenerträgen nach der Neuen Wachstumstheorie in Zusammenhang zu bringen (vgl. Abschnitt II.5).

Tab. 18: Direktinvestitionen von EU-Ländern in der Welt und in anderen EU-Ländern (Stromgrößen in jeweiliger Landeswährung)

EU-Herkunftsländer (Landeswährung)	**Jahr**	**Direktinvestitionen**		**%-Anteil der EU-länder**
		in der Welt	**in anderen EU-Ländern**	
Belgien/Luxemburg	1985	13.700	6.100	44,5 %
(Mill. BF)	1993	133.030	85.296	64,1 %
BR Deutschland	1985	15.131	4.408	29,1 %
(Mill. DM)	1995	55.159	34.432	62,4 %
Frankreich	1985	20.057	3.838	19,1 %
(Mill. FF)	1995	78.645	20.343	25,9 %
Italien	1985	3.471	1.971	21,0 %
(Mrd. Lire)	1995	9.338	7.671	82,2 %
Niederlande	1985	9.401	3.103	33,0 %
(Mill. Guilder)	1995	19.402	10.678	55,4 %
Dänemark	1985	2.698	1.632	60,5 %
(Mill.Dkr)	1995	17.167	7.314	42,6 %
Griechenland		n.v.	n.v.	
Irland		n.v.	n.v.	
Portugal	1985	22	2	9,1 %
(Mill. US-$)	1995	687	537	78,2 %
Spanien	1985	43.810	13.166	30,1 %
(Mill. Pesetas)	1995	440.456	100.864	22,9 %
UK	1985	8.883	2.493	28,1 %
(Mill. £)	1995	26.028	9.611	36,9 %
Finnland	1985	2.102	981	46,7 %
(Mill. Mk)	1994	7.339	7.031	95,8 %
Österreich	1985	1.000	700	70,0 %
(Mill. Schilling)	1994	10.518	3.499	33,3 %
Schweden	1985	15.696	3.957	25,2 %
(Mill. Skr)	1995	79.963	11.330	14,2 %

Quelle: OECD: International Direct Investment Statistics Yearbook 1997 und eigene Berechnung. Zahlen für Griechenland und Irland nicht verfügbar.

Tabelle 18 gibt Aufschluß darüber, wie die Länder, die gegenwärtig zur Europäischen Union gehören, als Herkunftsländer in den Jahren 1985 und 1995 bzw. 1994 Direktinvestitionen in der Welt tätigten und wie viele dieser Direktinvestitionen in anderen Ländern der Europäischen Union erfolgten. Die Direktinvestitionen sind als Stromgrößen in der jeweiligen Landeswährung dargestellt. Es zeigt sich, daß die Direktinvestitionen im Jahr 1985 in den meisten Ländern noch relativ gering waren und offenbar ein Rückstand der Produktionsintegration hinter der Handelsintegration vorlag. Im darauf folgenden Jahrzehnt sind jedoch die Direktinvestitionen im Durchschnitt nicht weniger als die Exporte gestiegen, besonders stark von einem niedrigen Ausgangsniveau in relativ rückständigen Ländern wie Spanien und Portugal. Bemerkenswert ist, daß der Anteil der Direktinvestitionen, der auf andere EU-Länder entfällt, für die meisten Länder erheblich zugenommen hat. Die europäische Produktionsintegration setzte zwar mit der Integrationsstufe des Gemeinsamen Marktes erst später ein als die Handelsintegration, sie ist jedoch ähnlich weit fortgeschritten, wie Tabelle 18 verdeutlicht. Eine Ausnahme von dieser Regel bilden Dänemark, Spanien, Österreich und Schweden, wo die weltweiten Direktinvestitionen zwar stark zunahmen, ihr Anteil in EU-Ländern jedoch abgenommen hat. Hierbei ist zu bemerken, daß Österreich und Schweden erst 1995 dem Gemeinsamen Markt beigetreten sind.

III.3.3. Integration in Asien: Von der Produktionsintegration mittels Direktinvestitionen zur Handelsintegration

III.3.3.1. Integrationsbestrebungen und -hindernisse in Asien

Anders als für europäische Staaten gibt es für ost- und südostasiatische Staaten kein historisch erkennbares Schema einer formalen, an gemeinsamen Institutionen orientierten wirtschaftlichen Integration. „Daß die rund 30 Staaten im asiatisch-pazifischen Raum zum Kontinent Asien zusammengefaßt worden sind, hat nur wenig mit dem Einheitsgefühl dieser Länder zu tun. Der Name 'Asien' ist europäischer Herkunft. Eine wirkliche Einheit sind die Asiaten nie gewesen. Dazu waren und sind die Spannungsfelder innerhalb ihrer religiösen und politischen Traditionen zu groß." (DIECKHEUER/LANGENFURTH/LUEB 1996, S. 25). Politisch sind die Vorbehalte gegen die bis zum Ende des Zweiten Weltkriegs herrschende Vormachtstellung Japans erheblich. Japan hat seit 1947 eine demokratische Verfassung; neuerdings sind auch Südkorea und Taiwan Demokratien.

Indonesien ist ein autoritärer Staat. China bleib politisch auf der kommunistischen Linie und versucht, diese Linie mit marktwirtschaftlicher Öffnung zu kombinieren.

Bereits 1967 gründeten Indonesien, Malaysia, die Phillippinen, Singapur und Thailand die *Association of South East Asian Nations (ASEAN),* die zunächst ein Schutzbündnis gegen den Kommunismus darstellte. Später traten auch Brunei, Singapur und Vietnam dem Bündnis bei. Die Sicherheitspolitik sorgte für politische Stabilität, die den Rahmen für die erfolgreiche, jeweils nationale Wirtschaftspolitik mit Wachstumsraten von durchschnittlich 7 % in den 70-er und 80-er Jahren bildete. Zwar beschlossen die ASEAN-Staaten 1977 ein gegenseitiges Zollvergünstigungsprogramm, das jedoch mit seinen umfangreichen Ausnahmelisten fast wirkungslos blieb, so daß der Außenhandel zwischen den Ländern nur rund 20 % des gesamten Außenhandels ausmachte und damit auf dem Niveau der späten 60-er Jahre blieb (vgl. DIECKHEUER / LANGENFURTH/LUEB 1996, S. 23).

Schließlich wurde erst 1992 von den ASEAN-Staaten ein *Asean Free Trade Agreement (AFTA)* vereinbart, das einen in Stufen geplanten Zollabbau im Laufe von 15 Jahren auf 0 bis 5 % sowie den Abbau nicht-tarifärer Handelshemmnisse vorsieht. Eine Zollunion ist nicht Ziel dieser Vereinbarung. Die Länder der AFTA-Freihandelszone können vielmehr ihre Zölle gegenüber Drittländern selbst bestimmen, so daß sich ein Import über das Land mit den niedrigsten Außenzöllen lohnt und eine Verhinderung dieses Umwegs die Einführung verwaltungskostenintensiver Ursprungszeugnisse erfordert.

Im Jahr 1989 kam es zur Gründung der *Asia Pacific Economic Cooperation (APEC),* der neben den ASEAN-Staaten weitere asiatische Länder, wie Japan, China, Hongkong und Thailand, ferner Länder des nord- und südamerikanischen Kontinents, Kanada, USA, Mexiko und Chile, sowie Neuseeland und Ausstralien angehören. 1991 legte die APEC als Ziel den Abbau von Hemmnissen für Handel und Dienstleistungen sowie für den Kapitalverkehr bis zum Jahr 2020 fest, dessen Realisierung wegen der großen Unterschiede in den politischen und wirtschaftlichen Interessen der einzelnen Länder jedoch fraglich erscheint.

Nicht zuletzt aus diesem Grund schlug Malaysia 1991 vor, die ASEAN-Staaten sowie Japan, China, Hongkong und Südkorea sollten einen *East Asia Economic Caucus (EAEC)* als Teil der APEC gründen, der sich als Konferenz um eine Liberalisierung des Handels und um Integration dieser

Länder zu bemühen hätte. Insbesonders Japan steht diesem Vorschlag einer vor-institutionellen Handelsintegration skeptisch gegenüber, weil Konflikte vor allem mit den USA befürchtet werden (vgl. DIECKHEUER/LANGENFURTH/LUEB 1996, S. 24).

Dieser kurzen Übersicht ist zu entnehmen, daß die Vorteile einer regionalen institutionellen Integration im asiatisch-pazifischen Raum zwar eingesehen und informelle Integrationsziele formuliert werden. Es gibt jedoch in Ost- und Südostasien bis heute keine der europäischen vergleichbare formale, durch Institutionen abgesicherte regionale wirtschaftliche Integration. Wenn dennoch im folgenden von einer asiatischen Produktionsintegration mittels Direktinvestitionen sowie von einer Handelsintegration gesprochen wird, kann es sich nur um Integrationsvorgänge handeln, die ohne institutionelle Integration voran kamen.

III.3.3.2. Zur asiatischen Produktionsintegration mittels Direktinvestitionen

Für eine asiatische Produktionsintegration mittels Direktinvestitionen von der Art der „deep integration" sprechen drei Sachverhalte (vgl. SANDER 1995, S. 218 f):

- Die Entwicklungsländer Süd-, Südost- und Ostasiens, zu denen Japan nicht gehört, nahmen als Empfänger von Direktinvestitionsströmen nicht nur an den weltweit hohen durchschnittlichen Zuwachsraten in der zweiten Hälfte der 80-er Jahre teil, sondern hielten auch weiter positive Zuwachsraten zu Beginn der 90-er Jahre, als die weltweiten durchschnittlichen Zuwachsraten stark negativ waren (vgl. *Tabelle 19*):

Tab. 19: Durchschnittliche jährliche Zuwachsraten von „inward"-Investitionsströmen (in %)

Empfängerländer	**1986 - 1990**	**1991**	**1992**
alle Länder	22 %	- 27 %	- 15 %
Entwicklungsländer in Süd-, Südost- und Ostasien	21 %	8 %	5 %

Quelle: SANDER 1955, S. 218, basierend auf: UNCTAD World Investment Report 1993, Tab. II.2.

- Die in *Tabelle 20* aufgeführten Entwicklungsländer Asiens, von denen Korea und Taiwan gleichzeitig auch zu den „kleinen Tigern“ gehören, empfingen (mit Ausnahme der Philippinen) den größten Teil ihrer Direktinvestitionen aus der asiatisch-pazifischen Region, vor allem aus Japan. Ein über die Zeit wachsender Anteil kommt jedoch aus den „kleinen Tiger“-Staaten, die ebenfalls zur asiatisch-pazifischen Region gehören. Dies gilt besonders für Malaysia, Thailand, aber auch für Indonesien. Besonders auffallend ist, daß die „kleinen Tiger“, und von diesen vor allem Hongkong, in zunehmendem Maaße die Herkunftsländer der Direktinvestitionen in China sind.

Tab. 20: Anteil der „kleinen Tiger“ und der Länder der asiatisch-pazifischen Region bei den „inward-investment“-Strömen in die süd-, südost- und ostasiatischen Entwicklungländer (in %)

Herkunftsland / **Empfängerland**	**„kleine Tiger“**		**Asia-Pacific-Region**	
	1983-1986	**1987-1990**	**1985-1987**	**1988-1990**
Indonesien	11 %	19 %	51 %	50 %
Korea	3 %	5 % *	58 %	52 %
Malaysia	19 %	41 % **	38 %	67 %
Philippinen	6 %	18 %	21 %	23 %
Taiwan	10 %	14 %	40 %	47 %
Thailand	13 %	31 %	55 %	77 %
China	55 %	66 % *	77 %	72 %

Quelle: SANDER 1995, S. 220, basierend auf UNCTAD, World Investment Report 1993, S. 166-173. * 1987-88, ** 1987-89.

Damit deutet sich an, daß zum einen Japan, zunehmend aber auch die „kleinen Tiger“ mit ihren multinationalen Firmen auch ohne institutionelle Integration durch internationale Organisationen eine südost- und ostasiatische Produktionsintegration zustande brachten. Der Sachverhalt einer bereits ausgeprägten Produktionsintegration in diesem Raum wird auch erkennbar, wenn sie mit der Produktionsintegration in Nordamerika und Europa anhand von Direktinvestitions-Intensitäten verglichen wird. Im World Investment Report der UNCTAD von 1993 (der hier nach SANDER 1995, S. 220, wiedergegeben wird) werden die Intensitäten der Triade-Regionen Nordamerika, Europa und Ostasien anhand der Direktinvestitions-

Daten der wichtigsten Herkunftsländer aufgrund von Bestandsgrößen im Jahr 1990 berechnet; sie sind in *Tabelle 21* dargestellt.

Tab. 21: Direktinvestitions-Intensitäten zwischen den Triade-Blöcken

Empfängerregion / Herkunftsregion	Nordamerika	Europa	Ostasien
Nordamerika	2,03	0,84	0,80
Europa	0,97	1,30	0,55
Ostasien	1,28	0,50	1,95

Quelle: SANDER 1995, S. 220, basierend auf UNCTAD, World Investment Report 1993, S. 166-173. Dort auch Einzelheiten der Abgrenzung.

Die Zahl 0,55 sagt z.B. aus, daß der Anteil Ostasiens an Direktinvestitions-Beständen Europas 55 % des Anteils Ostasiens an den weltweiten Direktinvestitions-Beständen (abzüglich der europäischen Bestände in Asien) ausmacht. Ist die Intensitätszahl kleiner als 1, so ist die Empfängerregion gegenüber der Herkunftsregion weniger verpflichtet als gegenüber der übrigen Welt. Die Herkunftsregion hat dann also für die Empfängerregion relativ geringe Bedeutung. Ist die Zahl größer als 1, so hat die Herkunftsregion für die Empfängerregion relativ große Bedeutung.

Es zeigt sich, daß die intra-regionale Direktinvestitions-Intensität auf der Hauptdiagonalen der Tabelle für alle drei Regionen relativ groß ist: „geography matters" (SANDER, S. 220). Ostasien erreicht mit 1,95 fast die für Nordamerika geltende Zahl und übertrifft die Intensität für Europa deutlich. Interregional ist nach der letzten Spalte der Tabelle für Ostasien Nordamerika wichtiger als Europa.

Das Ergebnis, daß Ostasien bereits gegenwärtig eine beachtliche „deep" Produktionsintegration erreicht hat, ist vielleicht überraschend angesichts der Tatsache, daß von asiatischen Direktinvestitionen meist nur diejenigen von Japan in den USA und in Europa im Gespräch sind.

Allerdings gibt es eine bereits alte Vorstellung über den Zusammenhang zwischen der Entwicklung asiatischer Staaten und einer dadurch ausgedrückten Produktionsintegration: das *Modell der fliegenden Gänse*, das von AKAMATSU (1961) bereits 1935 konzipiert wurde und dann in den 80-er

Jahren in die Diskussion einging. Es gibt nach dieser Konzeption in der asiatisch-pazifischen Region einen Transfer komparativer Vorteile führender Branchen von frühen Starter-Ländern zu späten Nachzügler-Ländern, und zwar von Japan zu den „kleinen Tigern“ und von dort zu den ASEAN-Ländern. Führende Branchen, die von Land zu Land überwechselten, waren in den 60-er und 70-er Jahren die Textil- und die Stahlindustrie, in den 80-er und 90-er Jahren die Kraftfahrzeug- und die elektronische Industrie.

Die Wirkungen, die von den jeweils führenden Branchen auf die anderen Branchen und damit auf den zeitlichen Entwicklungsstand eines Landes ausgehen, lassen sich beispielsweise durch das nominale Bruttoinlandsprodukt (BIP) je Einwohner ausdrücken. In Abb. 27 kommt auf diese Weise das Bild der fliegenden Gänse zustande. Für jedes Land ist in halblogarithmischer Darstellung die Entwicklung des nominalen Bruttoinlandsproduktes pro Kopf von 1975 bis 1993 dargestellt; in den mittleren beiden Abschnitten der Abb. 27 sind allerdings die vier Tiger-Staaten und die drei ASEAN-Länder zusammengefaßt. Japan ist das Leittier der fliegenden Herde; es überträgt die komparativen Vorteile seiner führenden Branchen auf die Tiger-Länder; diese geben sie an die ASEAN-Länder weiter, bis sie in China als Nachzügler der Herde genutzt werden.

Abb. 27 : Das asiatische Fluggänse-Modell
(in halblogarithmischem Maßstab)

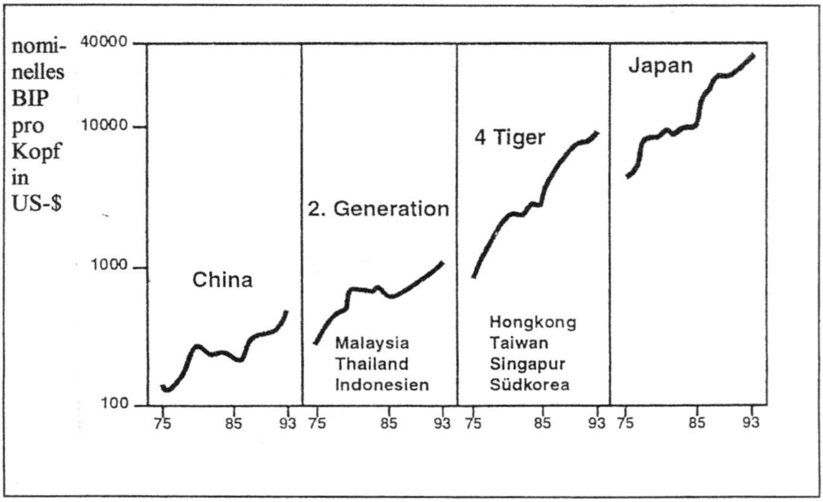

Quelle: DIECKHEUER/LANGENFURTH/LUEB 1996, S. 27.

Das Fluggänse-Modell hat im Ergebnis große Ähnlichkeit mit der Konzeption des Produktlebenszyklus (vgl. Abschnitt II.3.), nach der von einer technischen Neuerung zunächst die USA, dann die europäischen Länder und schließlich die Entwicklungsländer profitieren. Wie beim Produktlebenszyklus kann man sich auch beim Fluggänse-Modell vorstellen, daß multinationale Firmen aus vorauseilenden Ländern in nachfolgenden Ländern Direktinvestitionen ausführen und auf diese Weise Managementleistungen und Know how aus diesen Ländern mit relativ preiswerten anderen Faktorleistungen aus den nachfolgenden Ländern kombinieren.

Gegen beide Konzeptionen kann man einwenden, daß sie eine Integrationsform beschreiben, die auf Dauer nicht aktuell bleiben muß. Im Bild der Fluggänse muß nicht ein Tier stets das Leittier sein und die Reihenfolge der übrigen Tiere die gleiche bleiben. Die Vorteilhaftigkeit zweiseitiger Direktinvestitionen deutet beispielsweise an, daß die Vorteile technischer Verbesserungen nicht stets zeitlich zunächst auf ein Land konzentriert sein müssen, daß sie sich vielmehr auf mehrere Länder verteilen können.

Daher wurde auch vorgeschlagen, die Vorstellung einer hierarchisch gegliederten Herde von Fluggänsen durch die „aerobatics" einer Gruppe von Kunstflugzeugen zu ersetzen: An Stelle von „flying geese" oder eines „product cycle" sei ein „technological cycle" zu diskutieren, „in which industries are affected or created by a new technology and countries specialize in different industries and subsectors at different stages of the technological cyle; airplanes taking part in an air display form different patterns ... The pattern continously changes and there are no clearly defined tiers or groups of planes" (CHEN 1994, S. 19 f.).

Im Beispiel der asiatischen Länder hat in der jüngsten Vergangenheit Japan die niedrigste Wachstumsrate des gesamten Bruttoinlandsprodukts - allerdings von sehr hohem Ausgangsniveau -, China die höchste von vergleichsweise niedrigem Ausgangsniveau. Auch sind die Tiger-Länder in Abb. 26 näher an Japan herangerückt. Das alte Muster muß also in Zukunft nicht unbedingt Bestand haben. Ein Wandel der asiatischen Produktionsintegration wird auch davon abhängen, wie schnell und wie nachhaltig diese asiatischen Länder die gegenwärtige Krise überwinden.

Wenn es, wie festgestellt, keine institutionell vorangetriebene wirtschaftliche Integration gibt, kommt es auch auf die Art an, wie sich die Länder durch ihre Wirtschaftspolitik der Produktionsintegration mittels Direktinvestitionen öffnen. In der Vergangenheit ergab sich die überkommene

Reihenfolge der Fluggänse, obgleich Japan und ebenso Südkorea und Taiwan eine ausländische Direktinvestitionen abwehrende Politik betrieben, während Hongkong, Singapur, Malaysia und Thailand sehr offen für ausländische Direktinvestitionen waren. In Zukunft wird es zweifellos auch darauf ankommen, inwieweit es in den einzelnen Ländern gelingt, eine Politik durchzusetzen, die dazu anreizt, natürliche Marktunvollkommenheiten durch Direktinvestitionen zu überwinden.

Als Ergebnis dieses Abschnitts bleibt festzustellen, daß in Ost- und Südostasien eine Produktionsintegration mittels Direktinvestitionen sehr deutlich zu erkennen ist, daß sich jedoch das bisher typische Muster dieser nicht institutionell vorangetriebenen, damit informellen Produktionsintegration ändern kann.

III.3.3.3. Zur asiatischen Handelsintegration

Wie in Abschnitt III.3.3.1. vermerkt, blieben die Bemühungen der 1977 gegründeten ASEAN um Zollvergünstigungen fast wirkungslos, und der von der AFTA und der APEC anvisierte formelle Abbau von Zöllen und Handels-hemmnissen wird nachhaltig erst für die Zukunft erhofft. Eine asiatische Handels-integration, die durch regionale Institutionen vorangetrieben wurde, gibt es also nicht. In diesem Abschnitt soll geprüft werden, ob auch ohne institutionelle Vorkehrungen eine „shallow" Integration durch Handel vorankam. Die im vorangegangenen Abschnitt erläuterte informelle Produktionsintegration in Asien könnte von einer informellen Handelsintegration begleitet sein, wobei die Expansion des Handels als komplementär zu der der Direktinvestitionen gesehen werden kann.

Aus *Tabelle 22* geht hervor, daß das Niveau der Exporte der asiatischen Länder - mit Ausnahme Japans - 1985 noch relativ niedrig lag, sich aber bis 1995 für die meisten Länder auf das Drei- bis Fünffache steigerte, wobei der intra-regionale Handel mit anderen asiatischen Ländern überproportional zunahm. Der Anteil der intra-regionalen Exporte an den Gesamtexporten liegt 1995 für Japan und die drei mit Zahlen belegbaren „kleinen Tiger" um 10 bis 15 % höher als 1985; für die ASEAN-Länder und China ist er leicht gesunken. Daran zeigt sich, daß die exportorientierten Entwicklungsstrategien aller Länder eine starke Wirkung hatten, daß jedoch im intraregionalen Export und damit in der Handelsintegration nur Japan und die „kleinen Tiger" einen deutlichen Fortschritt machten. Es fällt aber auf, daß der Anteil der intra-regionalen Exporte 1995 für Japan mit 35,5 % und für

Tab. 22: Exporte von asiatischen Ländern in die Welt und in andere ostasiatische Länder

ostasiatische Herkunftsländer	Jahr	Exporte (in 1000 US-$) in die Welt	in andere asiatische Länder*	% -Anteil der asiat. Länder
Japan	1985	157.878	33.835	19,2 %
	1995	442.571	157.197	35,5 %
„kleine Tiger“:				
Hongkong	1985	30.053	10.288	34,2 %
	1995	173.735	82.436	47,5 %
Südkorea	1985	30.283	7.577 **	25,0 %
	1995	122.625	51.284	41,8 %
Singapur	1985	22.815	8.907	39,0 %
	1995	118.053	56.637	48,0 %
Taiwan	1985	n.v.	n.v.	
	1995	n.v.	n.v.	
ASEAN (3)				
Indonesien	1985	21.888	13.704	62,6 %
	1995	45.373	24.607	54,2 %
Malaysia	1985	14.100	7.802	55,3 %
	1995	73.738	36.819	49,9 %
Thailand	1985	17.413	11.268	65,0 %
	1995	56.681	25.670	45,3 %
ASEAN (4):				
Philippinen	1985	5.343	1.943	36,4 %
	1995	17.252	6.424	37,2 %
China	1985	49.743***	27.417	55,1 %
	1995	148.780	80.140	53,9 %

Quelle: UN, International Trade Statistics Yearbook 1995, Vol. 1, New York 1996, UN, International Trade Statistics Yearbook 1985, Vol. 1, New York 1987.
* ohne Taiwan, ** ohne China, *** ohne Südkorea.

die Philippinen mit 36,4 % relativ am niedrigsten lag, während er für Indonesien mit 54,2 % und für China mit 53,9 % am höchsten ist. Bemerkenswert ist außerdem, daß der Export des Stadtstaates Hongkong, der 1985 noch bedeutend niedriger war als der Chinas, 1995 den Export Chinas übertrifft, wobei der intra-regionale Anteil Hongkongs stark aufgeholt hat..

Tabelle 22 beschreibt nur die gesamten Exporte der asiatischen Länder sowie ihre Exporte in die anderen asiatischen Länder, die insgesamt zugleich deren Importe aus dieser Region sind. Das Bild bliebe unvollständig, wenn nicht auch die Importe der einzelnen Länder erwähnt würden. Es ist zu beachten, daß die meisten der Länder gegenüber Japan einen Überschuß ihrer Importe über die Exporte haben, während Japan selbst seinen Markt für Importe auch aus den asiatischen Ländern ziemlich geschlossen hält (vgl. SANDER 1995, S. 217).

Das Ergebnis ist, daß trotz des allgemein hohen Wachstums der Exporte eine zunehmende Handelsintegration nur für die Exporte Japans und der „kleinen Tiger“ festgestellt werden kann, während Importüberschüsse gegenüber Japan bei den meisten Ländern vorliegen. Die Handelsintegration wächst also für Japan und die „kleinen Tiger“ durch deren zu den Direktinvestitionen komplementären Exporten. Die Defizite in den Handelsbilanzen asiatischer Länder gegenüber Japan zeigen jedoch, daß die informelle Art der Handelsintegration nicht ausreicht, um einen mit der europäischen institutionellen Handelsintegration vergleichbaren Zustand herbeizuführen. Die asiatische Produktionsintegration wurde von der Handelsintegration noch nicht eingeholt. Ein Prozeß des Aufholens wird vermutlich nicht vonstatten gehen, ohne daß die bereits vorhandenen Ansätze zu freierem Handel institutionell zu Zollunionen und gemeinsamen Märkten weiterentwickelt werden.

SCHLUSS: ZUSAMMENFASSENDE THESEN, VOR- UND NACHTEILE VON DIREKTINVESTITIONEN

Zunächst sollen die einzelnen Kapitel zu Thesen zusammengefaßt werden, um danach die wichtigsten Vor- und Nachteile von Direktinvestitionen herauszuarbeiten.

Zu der einzelwirtschaftlichen Sichtweise des *Kapitels I* lassen sich folgende zusammenfassende Thesen formulieren:

- Direktinvestitionen einer ausländischen Firma im Inland sind solche, bei denen die Investoren das Ziel haben, die Kontrolle eines (Mit)-Eigentümers über eine inländische Firma zu erhalten.
- Die ausländische Firma wird durch ihre Direktinvestition zu einer multinationalen Unternehmung, deren Zentrale im Ausland angesiedelt ist, und die mit ihrer Tochterunternehmung, Zweigniederlassung oder Beteiligung im Inland an der inländischen Produktion oder an inländischen Absatz- oder Beschaffungsmärkten beteiligt ist.
- Während bei Direktinvestitionen die inländische Firma zumindest einen Teil ihrer Kontrolle an die multinationale Unternehmung überträgt, behält bei anderen Varianten der Internationalisierung wie Lizenzen, Franchising oder Joint Ventures die inländische Firma ihre Selbständigkeit.
- Die Theorie der Direktinvestitionen wird von DUNNING im OLI-Paradigma zusammengefaßt. **O**wnership advantages der ausländischen Firma und **L**ocation advantages des Inlands sprechen auch für die anderen Varianten der Internationalisierung; nur wenn auch **I**nternalization advantages vorliegen, sind alle Bedingungen für die Vorzugswürdigkeit von Direktinvestitionen erfüllt.
- Die Transaktionskostentheorie der Direktinvestitionen setzt an den Internalisierungsvorteilen an: Es hängt von den vergleichsweisen Transaktionskostenvorteilen ab, ob es sich lohnt, die anderen Varianten der Internationalisierung zu bevorzugen oder durch Direktinvestitionen die inländische Firma zu einem Teil der multinationalen Unternehmung zu machen, also zu internalisieren. Der Internalisierungsvorteil kann aus strukturellen Marktunvollkommenheiten in der Form monopolistischer oder oligopolistischer Marktpositionen der multinationalen Unternehmung erwachsen; er kann aber auch in der effizienten Überwindung natürlicher Marktunvollkommenheiten durch eine multinational organisierte Unternehmung bestehen.

- Am Beispiel der horizontalen und vertikalen Integration von Unternehmungen läßt sich die Bedeutung der herkömmlichen Markt- und Preistheorie für Direktinvestitionen sowie für die Alternativen der Internationalisierung deutlich machen. Diskutiert werden auch unterschiedliche Kostenfunktionen für die Alternativen sowie insbesondere der Lizenzvertrag.
- Besondere Aufmerksamkeit finden die Alternativen „Direktinvestitionen" und „Export" in einem COURNOTschen homogenen Mengen-Duopol sowie in einem BERTRANDschen heterogenen Preis-Duopol, die im Sinne der Neuen Außenhandelstheorie als zweistufige Spiele interpretiert werden. Im COURNOT-Modell kann, obgleich im dargestellten Beispiel Exporte kostengünstiger sind, die ausländische Firma durch Direktinvestitionen im Inland einen „first mover"-Vorteil erlangen. Als multinationale Unternehmung kann sie damit einen strategischen Vorteil gegenüber dem inländischen Duopolisten erringen. Ein analoges Ergebnis wird für das BERTRAND-Modell hergeleitet.
- Die Alternativen „Direktinvestitionen" und „Export" werden auch benutzt, um die Möglichkeiten des tariff-jumping durch Direktinvestitionen sowie einer Reduzierung des Wechselkursrisikos durch firmeninterne Importe der durch Direktinvestitionen entstandenen multinationalen Firma zu erläutern.

Zu der gesamtwirtschaftlichen Sichtweise des *Kapitels II* ergeben sich die folgenden zusammenfassenden Thesen:

- Direktinvestitionen einer ausländischen Firma bestehen als realer ökonomischer Vorgang erstens in der Lieferung von Sachkapitalgütern als Export vom Ausland ins Inland oder zweitens im Kauf von Sachkapitalgütern im Inland, die in der inländischen Firma investiert werden, oder drittens im Erwerb von Eigentümeranteilen an der inländischen Firma. In der Zahlungsbilanz des Auslands erscheint die Direktinvestition in der Bilanz des langfristigen Kapitalverkehrs als Finanzierung dieses realen Vorgangs.
- Nur im ersten der genannten Fälle erhöht sich die Forderungsposition des Auslands und bewegt sich Sachkapital vom Ausland ins Inland. Entgegen der älteren Auffassung sind Direktinvestitionen des Auslands also nicht immer mit einer Erhöhung der Forderungspositition des Auslands oder mit internationaler Mobilität des Produktionsfaktors Sachkapital verbunden.
- In den klassischen und neoklassischen Außenhandelstheorien fehlten Direktinvestitionen, da einerseits nicht der Export von Sachkapitalgütern betrachtet wurde, andererseits mit der Annahme einer ausgeglichenen

Handelsbilanz nicht die Möglichkeit der Finanzierung eines Sachkapitalgüterkaufs oder Eigentümeranteilkaufs im Inland untersucht wurde.

- Dennoch ist es möglich, die neoklassische HECKSCHER-OHLIN-Außenhandelstheorie auf den von CHAMBERLIN diskutierten Fall des heterogenen Marktes mit monopolistischer Konkurrenz zu erweitern und im Rahmen dieser Neuen Außenhandelstheorie die Vereinbarkeit von Direktinvestitionen mit dem internationalen Faktorpreisausgleich zu erklären. Diese Theorie zeigt, wie die durch Direktinvestitionen entstandene multinationale Unternehmung Headquarter Services bei steigenden Skalenerträgen auch mit den internalisierten Produktionsfaktoren der inländischen Firma kombinieren kann.
- Die Produktlebenszyklus-Theorie weist Direktinvestitionen die Rolle zu, die Produktion eines mit der Zeit reifer werdenden Produktes von hochentwickelten Ländern auch auf weniger entwickelte Länder zu übertragen. Diese Länder kommen dadurch zeitlich verzögert in den Besitz neuer Produktionsverfahren. Direktinvestitionen könnten dann auch dazu dienen, den Produktlebenszyklus zu verlängern. Im Zeitalter der Internationalisierung und der Integration können Direktinvestitionen aber nicht nur als einseitige und zeitverzögert einsetzende Maßnahmen betrachtet werden. Selbst für rückständige Länder schaffen zweiseitige Direktinvestitionen die Möglichkeit, unabhängig von Ländergrenzen Internalisierungsvorteile von multinationalen Firmen des Auslands und des Inlands wahrnehmen zu lassen.
- Je nachdem, ob Direktinvestitionen im Ausland oder im Inland finanziert werden, haben sie sehr unterschiedliche Wirkungen auf Wechselkurs, Zinssatz, Leistungsbilanz und Investitionsnachfrage des Inlands.
- Direkte strukturelle Wirkungen von Direktinvestitionen sind:
  1. der Vorleistungs- und Ressourcenbedarf, der für kapazitätserhöhende Direktinvestitionen höher ist als für auf Eigentümerwechsel hinauslaufende Direktinvestitionen,
  2. die Ersetzung (Substitution) oder die Anregung von Außenhandel (Komplementarität),
  3. die Übertragung neuer Technologie und veränderte Faktorintensität.
- Als indirekte strukturelle Wirkungen von Direktinvestitionen sind externe Effekte auf andere Wirtschaftseinheiten zu beachten, bei denen sich Upstream Linkages, Downstream Linkages, horizontale Linkages und allgemeine Spillover-Effekte unterscheiden lassen.
- Headquarter Services einer multinationalen Unternehmung sowie Linkages und Spillover-Effekte, die von Direktinvestitionen ausgehen, verstärken den mit zunehmenden Skalenerträgen verbundenen Prozeß der inländischen Humankapitalbildung und damit den Prozeß endogenen techni-

schen Fortschritts, wie er in der Neuen Wachstumstheorie analysiert wird. Im Modell von ROMER fördern sie das Learning-by-Doing und damit die externen Wirkungen des Fortschritts, im Modell von LUCAS steigern sie als Learning-by-Schooling die Effizienz der Humankapitalproduktion. Dies vergrößert in beiden Fällen das inländische Wachstum.

Die Untersuchungen des *Kapitels III* über die Beiträge der Direktinvestitionen zu Internationalisierung und Integration können wie folgt in Thesen zusammengefaßt werden:

- Die Direktinvestitionen wachsen im Trend seit 1982 in der Welt wesentlich schneller als die Weltexporte, diese wiederum schneller als das Bruttoinlandsprodukt der Welt. Die Direktinvestitionen sind aber noch stärker.als die beiden anderen Größen konjunkturabhängig.
- Die wichtigsten Herkunftsländer von Direktinvestitionen sind, absolut gesehen, die USA und das UK. Das Wachstum der Direktinvestitionen im Ausland war für Japan am höchsten. Was den Anteil der getätigten Direktinvestitionen am Bruttosozialprodukt angeht, liegen die kleinen außenwirtschaftsorientierten Länder Schweiz und Niederlande vorne.
- Bei den Empfängerländern von Direktinvestitionen ist in den letzten Jahrzehnten der Anteil der hoch entwickelten Länder von ca. 70 % auf ca. 80 % gestiegen, der Anteil von weniger entwickelten Ländern von 30 % auf 20 % gefallen. Die absolut größten inflows verzeichnen die USA. Der Anteil der empfangenen Direktinvestitionen am Bruttosozialprodukt ist im UK, in der Schweiz und in Lateinamerika am größten.
- Die Direktinvestitionen folgten auch über die kurzen Fristen der vergangenen Jahrzente der langfristigen 3-Sektoren-Hypothese von FISHER und CLARK. Sie nahmen also im primären Sektor ab; im sekundären Sektor folgte nach einer anfänglich starken Zunahme ein Rückgang zugunsten des tertiären Sektors.
- Wird die Internationalisierung durch Direktinvestitionen nicht länderweise, sondern aus der Sicht der Triade Europa, Nordamerika und Japan betrachtet, so zeigt sich u.a., daß Europa der größte Eigentümer von Beständen an Direktinvestitionen ist, die sich zu fast zwei Dritteln in der „restlichen Welt" und zu einem Drittel in Nordamerika befinden. Nordamerika hat knapp die Hälfte seiner Bestände in Europa. Japans Bestände betragen weniger als ein Viertel der Bestände Europas; das Wachstum seiner Bestände ist jedoch am größten.
- Auch in frühen Stadien der Entwicklung sind nicht nur erhaltene, sondern zunehmend auch geleistete Direktinvestitionen für die Internationalisierung relevant. Dies wird an den expansiven Direktinvestitionen der

„kleinen Tiger" deutlich, die nicht nur in Entwicklungsländern, sondern zunehmend auch in Industrieländern investieren.

- Bei der wirtschaftlichen Integration von Volkswirtschaften können unterschieden werden
  1. die formale Integration durch Schaffung internationaler Institutionen von der informellen Integration ohne internationale Abkommen und Einrichtungen;
  2. die Handelsintegration durch Abbau von Handelshemmnissen von der Produktionsintegration durch Internationalisierung der Produktion mittels Direktinvestitionen.
- Die europäische Integration ist eine formale Integration, die durch die Römischen Verträge, die Einheitliche Europäische Akte und den Vertrag von Maastricht zunächst eine Zollunion, dann einen Gemeinsamen Markt schuf und ab 1999 eine Währungsunion zwischen den zugelassenen Ländern einführen wird. Mit der Zollunion stand zunächst die Handelsintegration im Vordergrund, die sich in einer erheblichen Zunahme der Exporte insgesamt, vor allem aber in einer starken Erhöhung des Anteils der Exporte in andere Länder der Zollunion äußerte. Mit dem Gemeinsamen Markt wurden die Standorte in den Ländern als Ziele von Direktinvestitionen zwar kostenähnlicher, aber nicht kostengleich. Das gilt auch für die zukünftige Währungsunion. Die geringer werdenden komparativen Kostenvorteile der Länder für Güter schließen eine Produktionsintegration durch Direktinvestitionen keineswegs aus. Diese ist, insbesondere wegen der Headquarter Services multinationaler Firmen sowie wegen der Linkage- und Spillover-Effekte in den Empfängerländern von Direktinvestitionen mit steigenden Skalenerträgen der Produktion verbunden. Die Produktionsintegration zeigt sich für die meisten Länder der Europäischen Union in einer von einem geringen Ausgangsniveau starken Erhöhung der Direktinvestitionen, vor allem aber in einer deutlichen Erhöhung des Anteils der in andere Länder des Gemeinsamen Marktes gehenden Direktinvestitionen.
- In Asien gab es mit der ASEAN, der AFTA und der APEC zwar Bemühungen um formale Integration, die jedoch hinter den europäischen Erfolgen weit zurückbleiben. Dennoch kann von Integration in Ost- und Südostasien gesprochen werden, die weitgehend ohne internationale Institutionen auskommt und vorerst stärker als Produktionsintegration angelegt ist. Die Internationalisierung der Produktion im ost- und südostasiatischen Raum wird hauptsächlich durch Direktinvestitionen von multinationalen Firmen aus Japan und den „kleinen Tigern" betrieben. Die Produktionsintegration könnte das traditionelle Entwicklungsmuster nach dem Fluggänse-Modell mit Japan als Leittier durcheinander bringen. Die Handelsinte-

gration war in Asien demgegenüber geringer, was auch daran liegt, daß die meisten der asiatischen Länder wegen japanischer Handelshemmnisse ein Defizit in ihrer Handelsbilanz gegenüber Japan haben.

Abschließend sollen aus der in dieser Arbeit im Vordergrund stehenden Sicht eines Empfängerlandes pointiert mögliche Vorteile und Nachteile von Direktinvestitionen genannt werden, die sich aus unseren Ausführungen herausfiltern lassen. Zunächst zu den Nachteilen:

- Da das entscheidende Merkmal von Direktinvestitionen in der (Mit-) Eigentümerkontrolle einer ausländischen über eine inländische Firma gesehen wird (vgl. I.1.), ist das alte Argument eines *Nachteil*s von ausländischen Direktinvestitionen, die zu einer *„Überfremdung“* der inländischen Volkswirtschaft führen können, geblieben. Hinzu kommt, daß nach der neuen Theorie die ausländische Kontrolle über inländische Firmen nicht einmal durch den Zufluß international mobilen ausländischen Sachkapitals zustande gekommen sein muß, daß vielmehr das Sachkapital, das ausländischer Kontrolle unterliegt, auch am inländischen Kapitalmarkt finanziert worden sein kann (vgl. II.1.3.). Diese Finanzierung kann bei steigendem Inlandszinssatz sogar die Verdrängung inländischen Investitionsnachfrage nach sich ziehen (vgl. Abb. 24). Andererseits wird die Gefahr der Überfremdung entschärft durch die Tatsache, daß Direktinvestitionen zunehmend in zweiseitiger Richtung verlaufen.
- Zu den direkten strukturellen Wirkungen von kapazitätsvergrößernden Direktinvestitionen gehört, daß diese zusätzliche Arbeitsplätze schaffen. Andererseits wird durch den Einsatz moderner Techniken die Kapitalintensität der mit Direktinvestitionen hergestellten Inlandsproduktion steigen (vgl. II.4.2.3.). Zwar wird sich die Qualität der in dem inländischen Zweig der multinationalen Unternehmung tätigen Arbeitskräfte verbessern, doch kann die höhere Kapitalintensität den *Nachteil* haben, daß längerfristig weniger Arbeitskräfte benötigt werden. Direktinvestitionen können mithin auch die *Freisetzung von Arbeitskräften* bedeuten.
- In Oligopolen können Direktinvestitionen für eine ausländische Firma die vergleichsweise kostenungünstigere Alternative gegenüber anderen Möglichkeiten wie z.B. Export von Gütern ins Inland sein; doch kann die Entwicklung einer Produktionskapazität im Inland eine strategische Maßnahme sein, eine konkurrierende inländische Firma vom Markteintritt abzuhalten oder in eine Abhängigkeitsposition zu drängen (vgl. I.3.4.1. und I.3.4.2.). Direktinvestitionen können also den *Nachteil* haben, ein *Instrument strategischer Drohung* zu sein und den Wettbewerb zu mindern.

- Die Produktion neuer Güter, die zunächst in hoch entwickelten Ländern hergestellt und auch von dort exportiert werden, wird möglicherweise nur verzögert über Direktinvestitionen in andere, insbesondere weniger entwickelte Länder verlagert. In diesem Fall könnte mit Direktinvestitionen der *Nachteil einer verzögerten Weitergabe der neuen fortschrittlichen Technologien* verbunden sein, um den Produktlebenszyklus zu verlängern (vgl. II.3.).
- Direktinvestitionen haben nicht nur direkte Wirkungen auf die inländischen Zweige multinationaler Firmen. Neben den positiv zu bewertenden Linkages zu vorgelagerten und nachgelagerten Firmen und Konkurrenten auf der gleichen Produktionsstufe (vgl. II.4.3.) kann es auch als ein *Nachteil* empfunden werden, *fremden Kultureinflüssen* ausgesetzt zu sein, die dann als negative externe Effekte von Linkages und Spillovers aufzufassen sind.

Den möglichen Nachteilen können folgende erhebliche Vorteile gegenübergestellt werden:

- Direktinvestitionen haben den *Vorteil*, nationale Grenzen für Firmen zu beseitigen, so daß „natürliche Marktunvollkommenheiten" unternehmensintern in der durch Direktinvestition entstandenen multinationalen Unternehmung überwunden werden können. Gegenüber anderen Formen externer Internationalisierung, wie Exporten, Lizenzvergabe, Franchising oder Joint Venture, mit denen sich Standortvorteile im Inland realisieren lassen, trägt die *Internalisierung* durch Direktinvestitionen dazu bei, ein bei nationalen Grenzen bestehendes Marktversagen effizient zu überwinden (vgl. I.2.2., I.2.3.).
- Ausländische Direktinvestitionen, die die inländische Produktionskapazität vergrößern, haben grundsätzlich den *Vorteil*, mit den neuen Produktionsanlagen auch *neue Arbeitsplätze* zu schaffen. Allerdings kann deren Anzahl durch die oben erwähnte Freisetzung von Arbeitskräften wieder reduziert werden.
- Die inländische Firma, die mittels Direktinvestition nunmehr ein Zweig einer multinationalen Firma geworden ist, hat den *Vorteil*, die *Headquarter Services* der ausländischen Zentrale mit den ihr selbst verfügbaren Faktoren kombinieren zu können und *steigende Skalenerträge* hervorzubringen (vgl. das CHAMBERLIN-HECKSCHER-OHLIN-Modell in II.2.2.).
- Ausländische Direktinvestitionen haben den *Vorteil*, über Linkages auf Lieferanten und Kunden sowie auf Konkurrenzanbieter und über Spillover-Effekte auf andere Firmen und Haushalte überzugreifen. Dabei können sich die Linkages und Spillover-Effekte nicht nur intern über die

Märkte, sondern auch als positive *externe Effekte*, die nicht über Märkte laufen, verbreiten. Zu den letzteren gehört auch die Förderung des Verständnisses und die Sicherung des friedlichen Miteinanders mit anderen Völkern.

- Headquarter Services, Linkages und Spillover-Effekte, die in Zusammenhang mit Direktinvestitionen im Inland entstehen, haben den *Vorteil*, den Prozeß der *Humankapitalbildung,* wie er in der Neuen Wachstumstheorie beschrieben wird, zu verstärken (vgl. II.5.).
- Sowohl hochentwickelte als auch weniger entwickelte Volkswirtschaften haben den *Vorteil*, durch Direktinvestitionen, die sie in ihrem Land zulassen oder die sie selbst im Ausland tätigen, an einer *Internationalisierung der Weltwirtschaft* teilzunehmen (vgl. III.2.3.). Die Arbeitsteilung der Weltwirtschaft, die nach der Außenhandelstheorie durch den internationalen Handel mit Gütern möglich wird, kann durch Direktinvestitionen weitergeführt und langfristig intensiviert werden.
- Die Internationalisierung kann gefördert werden durch regionale Integration, diese wiederum ist nicht beschränkt auf die in der Außenhandelstheorie im Vordergrund stehende Handelsintegration. Direktinvestitionen haben den *Vorteil*, sich als Instrument der *regionalen Produktionsintegration* bewährt zu haben. Dies wird am Beispiel der europäischen Integration, insbesondere mit der Schaffung des Gemeinsamen Marktes (vgl. III.3.2.), aber auch am Beispiel der von Japan und den „kleinen Tigern“ angeführten asiatischen Produktionsintegration deutlich (vgl. III.3.3).

Ohne ausführlich auf Vor- und Nachteile von Direktinvestitionen für die Herkunftsländer einzugehen, bleibt zu erwähnen, daß Direktinvestitionen für Firmen solcher Länder aus einzelwirtschaftlicher Sicht nach den in I.2.2 und I.2.3. erläuterten Theorien vorteilhaft sind, obgleich sie aus volkswirtschaftlicher Sicht eine Verlagerung von Arbeitsplätzen in ein anderes Land bedeuten können. Auch die Risiken von Enteignungen und Währungsverfall in Empfängerländern können für Direktinvestitionen von Herkunftsländern nachteilig sein.

Bedenkt man, daß aus der Sicht von Empfängerländern die möglichen Nachteile von Direktinvestitionen - wie Überfremdung, Freisetzung von Arbeitskräften, strategische Drohungen ausländischer Firmen, verzögerte Weitergabe neuer Technologien - durch geeignete wirtschaftspolitische Maßnahmen eingedämmt werden können, so muß man zu dem Ergebnis kommen, daß die Vorteile von Direktinvestitionen deren Nachteile bei weitem überwiegen. Direktinvestitionen bieten die Chance, die weltweit entwickelten Produktionstechniken zu übernehmen, die Humankapitalbildung zu fördern, an der Internationalisierung durch Produktionsintegration teilzunehmen, um auf diese Weise an einer neuen wohlfahrtsfördernden Arbeitsteilung der Weltwirtschaft mitzuwirken.

ANNEX: DIE BEDEUTUNG VON DIREKTINVESTITIONEN FÜR POLEN

I. Polen im Transformationsprozeß - ein Überblick

Ausländische Direktinvestitionen spielten in Polen zur Zeit der Zentralverwaltungswirtschaft bis in die 80-er Jahre keine Rolle. Dies änderte sich nur ganz allmählich durch einsetzende Liberalisierung und durch außenpolitische Einflüsse, wie die Perestroika, und führte schließlich zum Transformationsprozeß.

Im Jahr 1982 wurde ein Gesetz erlassen (Gesetzblatt 1982, Nr. 19, Pos. 146), das die wirtschaftliche Betätigung ausländischer juristischer und natürlicher Personen im Bereich des Kleingewerbes zuließ, was zur Gründung sogenannter „Polonia-Firmen" führte. 1986 kam dann ein erstes „Joint Venture-Gesetz" (Gesetzblatt 1986, Nr. 17, Pos. 88), das es vergesellschafteten polnischen Wirtschaftseinheiten erlaubte, mit ausländischer Kapitalbeteiligung „Joint Venture"-Unternehmen in Form der GmbH oder der AG zu gründen, wobei der polnische Anteil mindestens bei 51 % liegen mußte und der Vorstandsvorsitzende polnischer Staatsbürger sein sollte (vgl. RYMARZCYK/RYMARZCYK 1991, S. 110). Hierbei ist noch die verbreitete Furcht vor fremder Einflußnahme und einem möglichen Autonomieverlust, der mit Direktinvestitionen einhergehen könnte, zu spüren. Zu Beginn des Transformationsprozesses standen diese vor allem ideologisch geprägten Bedenken lange Zeit im Widerstreit mit der Hoffnung auf Wohlfahrtssteigerungen, Modernisierung der Wirtschaft und Strukturwandel durch Zufluß ausländischer Investitionen und ausländischen Know-hows.

Der Begriff des Joint Venture, der ja gemeinsames Wagnis, gemeinsames Risiko bedeutet, wird in der Literatur meistens für ein gemeinsames Projekt zweier wirtschaftlich und rechtlich selbständig bleibender Unternehmen gebraucht, wobei Verantwortung und Risiko gemeinsam getragen, d.h. geteilt werden. Daher werden Joint Ventures in der Literatur meist als Alternative zu Direktinvestitionen betrachtet (vgl. Abb. 1). Ost-West-Joint Ventures nehmen eine gewisse Sonderstellung ein (vgl. AUTSCHBACH 1997, S. 68 ff). Hier handelt es sich im Gegensatz zu den „Contractual Joint Ventures", die nur auf vertraglicher Basis beruhen, meistens um „Equity Joint Ventures", bei denen ein Gemeinschaftsunternehmen gegründet wird (vgl. ZENTES 1992, S. 4 f.). Häufig sind auch staatliche Beteiligungen involviert (bei sog. „mixed ventures"); diese Form der Joint Ventures sind eigentlich den Direktinvestitionen zuzurechnen. So ist die Abgrenzung der Joint Ventures gegenüber Direktinvestitionen zumindestens nicht immer einheitlich.

Daß die Wirkung der Gesetze von 1982 und 1986 gering blieb, hat mehrere Ursachen. Zum einen war das „gesamte ökonomische, politische und gesellschaftliche Klima für ausländische Investoren unvergleichbar schlechter" (RYMARZCYK/RYMARCZYK 1991, S. 110) als in anderen osteuropäischen Transformationsländern, potentielle ausländische Investoren erachteten das Investitionsrisiko in Polen als sehr hoch. Zum anderen brachten die ersten gemeinsamen Projekte auch gewisse Enttäuschungen, da auf beiden Seiten die gehegten Erwartungen zu hoch gesteckt waren und sich in mancher Hinsicht strategische Interessenkonflikte zwischen den Investoren und den Empfängern, sogenannte „misfits" (vgl. ZENTES 1992, S. 16 f.) ergaben.

Diese Situation hat sich inzwischen grundlegend geändert. Die polnische Regierung hat eine Reihe von erfolgreichen Reformen auf den Weg gebracht, die in verschiedenen Gesetzen und deren Novellierungen ihren Niederschlag gefunden haben. Die gesetzlichen Regelungen für Direktinvestitionen beruhen zur Zeit auf folgenden Bestimmungen (vgl. RKW 1997, S. 66/7 und S. 113-116):

- dem Vertrag zwischen der Bundesrepublik Deutschland und Polen über die Förderung und den gegenseitigen Schutz von Kapitalanlagen von 1989 (Bundesgesetzblatt Teil II, Nr. 23/1989, S. 607 ff.),
- dem Gesetz über Gesellschaften mit ausländischer Beteiligung - kurz „Joint-Venture-Gesetz" - von 1991 in seiner neuesten novellierten Fassung von 1996,
- dem Gesetz über wirtschaftliche Tätigkeit von 1988, in der novellierten Fassung von 1996,
- dem wieder in Kraft gesetzten polnischen Handelsgesetzbuch von 1934,
- und dem Devisengesetz von 1994 in der novellierten Fassung von 1995 in Verbindung mit der Verordnung des Finanzministers über die allgemeinen Devisengenehmigungen von 1996 (Monitor Polski, Nr.21/1996, Pos. 244).

Hieraus ergibt sich eine weitgehende Liberalisierung, so daß ausländische Direktinvestitionen inländischen Investitionen nahezu gleichgestellt sind. Nach den oben genannten gesetzlichen Bestimmungen wird ausländischen Investoren zugesichert:

1. Schutz und Sicherheit für die Kapitalanlagen vor Enteignungen; diese dürfen nur gegen Entschädigungen, die frei transferierbar sind, erfolgen,
2. Nettogewinn-Anteile und Veräußerungserlöse von Gesellschaftsanteilen oder Aktien können in Devisen getauscht und frei transferiert werden,
3. Grunderwerb durch Ausländer bis zu einer Größe von 0,4 ha in Städten und bis zu 1 ha auf dem Land ist genehmigungsfrei.

Neben diesen Absicherungen gibt es in Polen die verschiedensten Investitionsvergünstigungen, die auch an Unternehmen mit ausländischer Kapitalbeteiligung gewährt werden. Diese Investitionsvergünstigungen sind erstens Steuervergünstigungen und zweitens direkte Subventionsmittel über Programme der Europäischen Union; Polen hatte 1991 ein Assoziierungsabkommen mit der Europäischen Union unterzeichnet.

Die *Steuervergünstigungen* (vgl. GABOR 1997, S. B 9) sind regional sehr unterschiedlich. Außerdem sind die Vergünstigungen meist an bestimmte Bedingungen geknüpft, wie z.B.

- die Einstellung einer bestimmten Mindestzahl an neuen Arbeitskräften über einen bestimmten Zeitraum hinweg,
- hoher Exportanteil: die Erlöse des letzten Jahres aus Exporten müssen mindestens 50 % der Gesamterlöse betragen oder den Gegenwert von 8 Mill. Ecu überschreiten,
- hohe Umsatzrendite: mindestens 8 % (in der Fischerei-Industrie und im Wohnungsbau 4 %) in dem der Investition vorangegangenen Jahr,
- hohes Investitionsvolumen: mindestens 2 Mill. Ecu vor Tätigkeitsaufnahme,
- stark innovative Projekte unter Verwendung von Lizenzen und Patenten.

Besonders hoch sind die Steuervergünstigungen in Gebieten mit hoher struktureller Arbeitslosigkeit und in den 15 Wirtschaftssonderzonen. Diese Sonderzonen sind von der Regierung bestimmte strukturschwache Gebiete, die 20 Jahre lang eine besondere Förderung genießen sollen.

Die Steuervergünstigungen reichen von Sonderabschreibungen auf Investitionen (50 % im ersten Jahr) bis zu vollständiger Befreiung von Einkommen- und Körperschaftsteuer für Unternehmen in einer Wirtschaftssonderzone während der halben Wirtschaftsonderzonenzeit und den halben Steuersätzen für die nachfolgenden 10 Jahre.

Die *Investitionsfördermittel* (RKW 1997, S. 239) kommen zum einen aus dem Joint-Venture-Programm (JOPP) der Europäischen Union, das auf die

Entwicklung des privaten Sektors abzielt. Gefördert wird die Gründung neuer und die Erweiterung bestehender Joint Ventures vorwiegend kleiner und mittlerer Unternehmen. Daneben gibt es das PHARE-Programm, das Mittel zur Verfügung stellt für die Umstrukturierung veralteter Industrien und für die Modernisierung der Infrastruktur durch private Unternehmen. Es handelt sich hierbei in der Regel um nichtrückzahlbare Zuschüsse, die projektgebunden gewährt werden für technische Beratungen, Experten- und Sachverständigenanalysen oder für Ausbildungs- und Weiterbildungsmaßnahmen (vgl. RKW 1997, S. 239).

Zu diesen günstigen Rahmenbedingungen für ausländische Direktinvestitionen kommt die Tatsache, daß die seit 1993 vom Institut für Marktwirtschaftliche Studien im Auftrag der Polnischen Entwicklungsbank (Polski Bank Rozwoju) halbjährlich veröffentlichten und nach Branchen und Regionen differenzierten Analysen zur Entwicklung des Investitionsrisikos eine stetig sinkende Tendenz vermelden, wobei das Risiko im nichtindustriellen Bereich noch niedriger liegt als im industriellen Bereich. So ist es auch erklärlich, daß die Zahl der Joint Ventures in den letzen Jahren so stark zugenommen hat: von 1.145 im Jahr 1990 und rd. 15.000 im Jahr 1993 auf rd. 26.000 Anfang 1997 (vgl. RKW 1997, S. 108). Die Zahl der Projekte sagt zwar nur wenig aus, aber wir werden später sehen, daß der wertmäßige Zuwachs ebenfalls sehr beachtlich ist.

Insgesamt enwickelt sich die polnische Wirtschaft zur Zeit sehr gut. Das Bruttoinlandsprodukt weist seit 1995 ein jährliches Wachstum von 6 % - 6,5 % auf, für 1998 wird eine vergleichbar hohe Wachstumsrate prognostiziert; damit liegt Polen mit an der Spitze in Europa (SACH 1997, S. B 3). Trotz des kräftigen Wachstums und steigender Investitionsbereitschaft - vor allem im privatisierten Sektor - hat sich der Rückgang der Inflationsrate stetig fortgesetzt von 28 % 1993 auf 15 % im Jahr 1997. Die Arbeitslosenquote ist ebenfalls rückläufig von 16,4 % 1993 auf 13,6 % 1997. Lediglich die Außenhandelsentwicklung ist nicht so günstig. Zwar hat der Außenhandel insgesamt kräftig zugenommen, da mit dem EU-Assoziierungsabkommen der schrittweise Abbau der Zölle ab 1993 verbunden ist. Völlige Zollfreiheit gegenüber der Europäischen Union wird für 2001 erwartet. Bereits 1995 waren 60 % der Zolltarifpositionen zwischen der EU und Polen zollfrei, ab 1998 sind fast alle Importe zollfrei mit Ausnahme von Agrarprodukten. Der Abbau der Importzölle hat eine Expansion der Importe bewirkt, hinter der das Exportwachstum deutlich zurückbleibt, was zu einem hohen Leistungsbilanzdefizit geführt hat.

Die positive Entwicklung der Wirtschaftszahlen hat das Vertrauen in die Stabilität der polnischen Wirtschaft gestärkt. Auch hat seit dem Umschuldungsabkommen von 1994 die internationale Kreditwürdigkeit Polens zugenommen. Zudem hat sich bei dem letzten Regierungswechsel gezeigt, daß innenpolitische Turbulenzen kaum Auswirkungen auf das praktische Wirtschaftsleben haben. Es gibt einen parteiübergreifenden Konsens in den Zielen der Wirtschaftspolitik, die auf den Übergang zur Marktwirtschaft ausgerichtet sind. Die weitere Ausgestaltung des ordnungspolitischen Rahmens und die Privatisierungen stehen dabei im Vordergrund. Ein Signal ist sicher auch die Tatsache, daß Polen seit 1996 Mitglied der OECD geworden ist. Nun wird von allen wirtschaftlichen und politischen Kräften mit großen Anstrengungen und dem Programm „Nationale Integrationsstrategie für den Beitritt zur EU" die volle Mitgliedschaft in der Europäischen Union angestrebt.

Schließlich sei noch angemerkt, daß sich das gute Investitionsklima auch in der öffentlichen Meinung, die lange Zeit skeptisch gegenüber ausländischen Kapital-Engagements eingestellt war, widerspiegelt. Nach Umfragen der Staatlichen Agentur für Auslandsinvestitionen (PAIZ) beurteilten 1995 bereits 75 % der Befragten (nach 60 % im Jahr 1994) ausländischen Kapitalzufluß für die weitere Ausgestaltung der Marktwirtschaft positiv, bei jüngeren Befragten lag die Zustimmung sogar bei 84 %, bei Hochschulabsolventen bei 90 %. Allerdings befürworteten 80 % aller Befragten eine Kontrolle der ausländischen Kapital-Engagements.

II. Entwicklung der Direktinvestitionen in Polen

Da Polen seit 1996 Mitglied der OECD ist, wurde die Entwicklug der Direktinvestitionen in Polen erstmals in das International Direct Investment Statistics Yearbook 1997 der OECD aufgenommen. Nach dieser neuesten Statistik war der Zustrom von Direktinvestitionen nach Polen seit 1990 von geringem Ausgangsniveau aus stetig steigend:

Für Ende 1994 wurde ein Bestand an Direktinvestitionen von 3.789 Mill. US-$ ausgewiesen. Nahezu in gleicher Höhe wurden im Jahr 1995 weitere Direktinvestitionen in Höhe von 3.659 Mill. US-$ getätigt, was einen kumulierten Bestand von 7.448 Mill. US-$ ergeben würde. Der Bestand an Direktinvestitionen wird aber nach OECD-Statistik für Ende 1995 noch höher mit 7.843 Mill. US-$ angegeben. Das kann bedeuten, daß die Bewertungsmaßstäbe geändert wurden oder daß die in den mit Direktinvestitionen finanzierten Unternehmungen erzielten Gewinne sofort wieder in diesen Unternehmungen reinvestiert wurden.

Im Jahr 1996 sollen nach Angaben der polnischen Staatlichen Agentur für Auslandsinvestitionen PAIZ (vgl. HARDIECK 1997, S. B 3) nochmals 5 Mrd. US-$ an Direktinvestitionen nach Polen geflossen sein (die vorläufigen Schätzwerte der OECD liegen mit 2.768 Mrd. US-$ wesentlich niedriger), und weitere 2 Mrd. US-$ in der ersten Hälfte 1997. Danach würden sich die kumulierten Bestände an Direktinvestitionen in Polen inzwischen auf rund 14 Mrd. US-$ belaufen.

Tab. 23: Direktinvestitionen in Polen: Stromgrößen: 1990 - 1995 (in Mill. US-$) und Verhältnis zum Bruttoinlandsprodukt (in %)

Jahr	Betrag	Anteil am BIP **
1990	89	0,13 %
1991	291	0,43 %
1992	678	0,85 %
1993 *	1.109	2,0 %
1994 *	1.095	2,1 %
1995	3.659	3,1 %

Quelle: OECD: International Direct Investment Statistics Yearbook 1997, S. 14, S. 250.
* Leider gibt es Diskrepanzen zwischen den Zahlen für Polen für 1993 und 1994 in den Tabellen der aufgegliederten Länderstatistik in Teil II, S. 250 - 261 und denen in den globalen Übersichtstabellen in Teil I, S. 14 f. Hier werden die Zahlen von Teil II zugrundegelegt.
** Eigene Ermittlung aus Grafik S. 249.

In *Tabelle 23* sind die Direktinvestitionen in Polen als Stromgrößen und als Anteil am Bruttoinlandsprodukt dargestellt. Der 1995 erreichte Quotient von 3,1 % zeigt an, daß Polen inzwischen ziemlich attraktiv für Direktinvestitionen geworden ist. Vergleichbare Quotienten haben z.B. die Niederlande mit 2,8 % oder Belgien mit 3,5 %. Allerdings wird der polnische Quotient übertroffen von Schweden mit 6 % sowie von zwei anderen Transformationsländern, Tschechien mit 5,5 % und Ungarn mit dem Höchstwert von 10 % nach 6 % im Jahr 1993. Für Deutschland, das als unattraktiv für Direktinvestitionen gilt, liegt der Quotient seit Jahren unter 0,6 % (vgl. OECD 1997, S. 49, 80, 116, 212, 136 und 280).

II.1. Zusammensetzung der Direktinvestitionen nach Branchen

Aus *Tabelle 24* wird ersichtlich, daß bei der branchenmäßigen Struktur der Direktinvestitionen der primäre Sektor fast keine Rolle spielt. Dagegen enfielen 1994 auf den sekundären Sektor genau zwei Drittel und auf den tertiären Sektor ein Drittel aller Direktinvestitionen. Im Jahr 1995 verzeichnete der industrielle Sektor zwar eine starke Zunahme auf das Zweieinhalbfache, doch der relative Anteil an der Gesamtheit der Direktinvestitionen ging auf 48, 6 % zurück; auch bei den Beständen Ende 1995 lag der Anteil dieses Sektors knapp unter 50 %.

Tab.24: Direktinvestitionen in Polen nach Branchen und Sektoren: Stromgrößen 1994 und 1995, Bestände Ende 1995 (in Mill. US-$)

Sektoren und Branchen	Stromgrößen 1994		Stromgrößen 1995		Bestände Ende 1995	
	Wert	% von Summe	Wert	% von Summe	Wert	% von Summe
Primärer Sektor	**7**	**0,6 %**	**29**	**0,8 %**	**40**	**0,5 %**
Landwirtschaft/Fischerei	3	0,2 %	12	0,3 %	19	0,2 %
Bergbau	4	0,3 %	17	0,5 %	21	0,3 %
Sekundärer Sektor	**725**	**66,2 %**	**1.779**	**48,6 %**	**3.831**	**48,8 %**
Nahrungsmittel	314	28,7 %	642	17,5 %	1.007	12,8 %
Textil/Holz	92	8,4 %	249	6,8 %	793	10,1 %
Chemie	69	6,3 %	422	11,5 %	759	9,7 %
Metall	30	2,7 %	141	3,9 %	377	4,8 %
Elektronik	29	2,6 %	44	1,2 %	84	1,1 %
Fahrzeuge	74	6,7 %	63	1,7 %	147	1,9 %
Tertiärer Sektor	**364**	**33,2 %**	**1.186**	**32,4 %**	**2.257**	**28,7 %**
Bau	25	2,3 %	64	1,7 %	152	1,9 %
Handel	161	14,7 %	512	14,0 %	885	11,3 %
Hotel	17	1,6 %	9	0,2 %	40	0,5 %
Transport/Telekommunik.	36	3,3 %	49	1,3 %	172	2,2 %
Finanzdienstleistungen	75	6,8 %	436	11,9 %	803	10,2 %
Immobilien/business activity	28	2,6 %	97	2,7 %	176	2,2 %
sonstige Dienstleistungen	22	2,0 %	18	0,5 %	29	0,4 %
nicht zuordenbar			665	18,2 %	1.713	21,8 %
	1.095	**100 %**	**3.659**	**100 %**	**7.843**	**100 %**

Quelle: OECD: International Direct Investment Statistics Yearbook 1997, Teil II, S.250.

Die Direktinvestitionen des tertiären Dienstleistungssektor haben sich 1995 fast verdreifacht gegenüber 1994, doch der relative Anteil blieb mit 32,4 % nahezu unverändert. Bemerkenswert hierbei ist, daß etwa ein Fünftel der Direktinvestitionen nicht direkt zugeordnet werden konnte. Man kann vermuten, daß ein großer Teil in den aufstrebenden Dienstleistungssektor geflossen ist, vor allem in die Finanzdienstleistungen. Aber ein anderer Teil ist mit Sicherheit auch noch im industriellen Sektor investiert worden, vor allem im Fahrzeugbau, so daß dessen anteilsmäßiger Rückgang geringer sein dürfte als der ausgewiesene Wert.

Bei den einzelnen Branchen liegt die Nahrungsmittelindustrie immer noch an der Spitze mit einem Anteil von 17,5 % nach 28,7 % im Jahr 1994, gefolgt vom Handel mit jeweils 14 % in beiden Jahren. Danach kommen die expandierenden Branchen Chemie mit 11,5 % nach 6,3 % 1994 und Finanzdienstleistungen mit 11,9 % nach 6,8 % im Jahr 1994.

II.2. Regionale Zusammensetzung der Direktinvestitionen

Tabelle 25 zeigt, daß bei der Aufgliederung der Direktinvestitionen nach Herkunftsländern Europa, und dabei wiederum die Länder der Europäischen Union die größte Bedeutung haben. Der Anteil Europas liegt über den betrachteten Zeitraum 1993 - 1995 sowohl bei den Stromgrößen als auch bei den Beständen bei 70 % oder mehr, wobei die EU-Länder innerhalb Europas jeweils über 91 % ausmachen.

Von den Ländern der Europäischen Union kommen die meisten Direktinvestitionen aus der Bundesrepublik Deutschland. Danach folgen als Investoren die Niederlande und Frankreich sowie die USA als außereuropäischer Partner. Im Jahr 1993 lag Italien mit seinen Direktinvestitionen durch den Automobilhersteller Fiat an der Spitze der EU-Länder. Im Jahr 1995 waren weitere wichtige Herkunftsländer die Schweiz, das UK und Österreich. Die südeuropäischen Länder Spanien, Portugal und Griechenland haben sich bisher nur sehr geringfügig in Polen engagiert und sind in die Tabelle daher nicht aufgenommen. Interessant ist die Tatsache, daß 1995 erstmals - mit kleinen Beträgen - andere Transformationsländer mit Direktinvestitionen in Polen auftraten, so die Ukraine, Tschechien und Rußland.

Von den außereuropäischen Ländern ist Australien ganz beachtlich vertreten. Bei den asiatischen Ländern dagegen ist die Neigung, in Polen zu investieren, bisher gering geblieben.

Tab. 25: Direktinvestitionen in Polen nach Herkunftsländern:
Stromgrößen 1993 - 1995 und Bestände Ende 1995 (in Mill. US-$)

Herkunftsländer	**1993**	**1994**	**1995**	**Bestände Ende 1995**
Europa	**908**	**759**	**2.716**	**5.412**
Europäische Union	868	693	2.496	4.961
BRD	223	282	766	1.518
Niederlande	92	165	651	1338
Frankreich	15	53	429	432
Italien	325	49	73	263
UK	94	44	144	321
Österreich	33	20	110	384
Belgien/Luxemburg	35	14	88	198
Schweden	9	41	93	218
Dänemark	7	16	73	150
Finnland	9	7	16	41
Irland	2	1	43	43
Nicht-EU-Länder Europas	44	67	241	503
Schweiz	19	57	182	378
Norwegen	20	10	38	71
Ukraine	4	-	10	18
Rußland	1	-	6	30
Tschechien	-	-	5	6
Asien	**6**	**14**	**80**	**120**
Korea	-	6	34	42
Japan	2	3	9	15
Malaysia	-	-	29	34
Hongkong	-	3	2	13
Singapur	3	1	4	13
China	1	1	2	3
Nordamerika und Australien	**175**	**269**	**768**	**2.111**
USA	166	262	621	1.883
Kanada	9	6	13	39
Australien	-	1	134	189
sonstige Länder	20	53	95	200
Gesamt	**1.109**	**1.095**	**3.659**	**7.843**

Quelle: OECD: International Direct Investment Statistics Yearbook 1997, S. 253-254.

Vor allem Japan, das in den verschiedensten Regionen der Welt Direktinvestitionen tätigt, verhält sich sehr zurückhaltend. Korea lag 1995 vorn und hat sich 1997 durch den Daewoo-Konzern stark engagiert. Daewoo sieht die Investitionen in Polen als strategischen Einstieg in den Europäischen Markt (vgl. HARDIECK 1997, S. B 3).

III. Polnische Direktinvestitionen im Ausland

Tab. 26: Direktinvestitionen Polens im Ausland: Stromgrößen: 1993 - 1995 (in Mill. US-$)

Empfängerland	**1993**	**1994**	**1995**
EU-Länder:	**7**	**9**	**10**
Bundesrepublik Deutschland	4	1	3
UK	1	5	3
Belgien	2	2	1
Italien	-	1	1
Frankreich	-	-	1
Irland	-	-	1
Nicht-EU-Länder Europas:	**2**	**3**	**6**
Ukraine	1	2	3
Rußland	1	1	1
Tschechien	-	-	1
Ungarn	-	-	1
USA	**-**	**-**	**3**
Länder Asiens:	**-**	**-**	**5**
Thailand	-	-	4
China	-	-	1
Länder Afrikas	**-**	**1**	**12**
nicht zugeordnet	6	6	5
gesamte Welt	**15**	**19**	**41**

Quelle: OECD International Direct Investment Statistics Yearbook 1997, S. 255-256.

Aus *Tabelle 26* geht hervor, daß Polen seit 1993 in geringem, aber wachsendem Umfang selbst Direktinvestitionen im Ausland vornimmt.

Die Länder der Europäischen Union liegen bei den Auslandsinvestitionen Polens an der Spitze, in der Rangfolge Deutschland, UK, Belgien, Italien, Frankreich, Irland. Bei den Nicht-EU-Ländern in Europa liegt die Ukraine vor Rußland, Tschechien und Ungarn. Zudem hat sich Polen in den USA sowie in afrikanischen und asiatischen Länder engagiert.

IV. Abschließende Zusammenfassung

Die Aufbereitung der empirischen Daten hat gezeigt, daß Direktinvestitionen für Polen seit 1990 wachsende Bedeutung erlangt haben, und es ist anzunehmen, daß sie mit zu der positiven wirtschaftlichen Entwicklung Polens seit Mitte der neunziger Jahre beigetragen haben. Bei der Vielzahl der sich in Polen engagierenden Länder dürften auch die letzten Bedenken von Skeptikern, daß von Direktinvestitionen eine Gefahr in Richtung Abhängigkeit oder Vorherrschaft ausgehen könnte, beseitigt werden können. Im Gegenteil, es ist davon auszugehen, daß weitere Direktinvestitionen auch in Zukunft bei den noch bevorstehenden Aufgaben der weiteren Privatisierung und Umstrukturierung der polnischen Wirtschaft Hilfe leisten und wichtige Impulse verleihen können. Da Polen bereits selbst im Ausland einige Direktinvestitionen tätigt, kann man folgern, daß das Land wichtige Schritte zur Integration seiner Wirtschaft getan hat und sich auf gutem Wege in Richtung EU-Beitritt bewegt, der doch das erklärte Ziel aller wirtschaftlichen und politischen Kräfte Polens ist.

Literaturverzeichnis

ADEBAHR, H.: Direktinvestitionen. Eine Problemskizze. In: BROERMANN, J. (Hrsg.): Volkswirtschaftliche Schriften, Heft 306, Berlin 1981.

AGARWAL, J.P.: Determinants of Foreign Direct Investment: A Survey. Weltwirtschaftliches Archiv, Bd. 116, 1980.

AHARONI, Y.: The Foreign Investment Decision Process. Boston 1966.

AHARONI, Y.: On the Definition of a Multinational Corporation. In: Quarterly Review of Economics and Business, 1971, 11.Jg., Heft 3, S. 27-37.

ARROW, K.J.: The Economics of Agency. In: PRATT, W.J., ZECKHAUSER, R.J. (eds.): Principals and Agents. The Structure of Business. Boston 1985.

AUTSCHBACH, J.: Internationale Standortwahl. Direktinvestitionen der deutschen Automobilindustrie in Osteuropa, Wiesbaden 1997.

BAIN, J.S.: Barriers to New Competition. Cambridge/Mass. 1956

BATRA, R.N., RAMACHANDRAN, R.: Multinational Firms and the Theory of International Trade and Investment. American Economic Review, Vol.70, 1985, S. 278-290.

BEYFUß, J.: Wirtschaftsraum Südostasien. Entwicklungsstand und Perspektiven. Institut der deutschen Wirtschaft. IW-Trends 4/94, Köln 1994.

BORCHERT, M.: Außenwirtschaftslehre. Theorie und Politik. 4. Aufl., Wiesbaden 1992.

BRANDER, J.A., SPENCER, B.J.: Export Subsidies and Market Rivalry. Journal of International Economics, Vol.18, 1985, S. 83-100.

BROLL, U.: Direktinvestitionen und multinationale Unternehmen, Frankfurt/M. 1990.

BROLL, U., ZILCHA, I.: Multinational Firm and Exchange Rate Uncertainty. Discussion Paper. Konstanz, Tel Aviv 1989.

BRÜNING, H.: Wohlfahrtseffekte einer Zollunion, Tübingen 1969.

BUCKLEY, P.J., CASSON, M.: The Economic Theory of the Multinational Enterprise. London 1985.

CANTWELL, J.: The Relationship Between International Trade and International Production. in: GREENAWAY, WINTERS (eds.): Surveys in International Trade. Oxford 1994.

CAVES, R.E.: Multinational Enterprise and Economic Analysis, Cambridge 1982.

CHEN, E.K.Y.: Intra-Regional Investment and Technology Transfer in the Asian-Pacific Region: An Overview. In: Asian Productivity Organization (ed.): Intra-Regional Investment and Technology Transfer in Asia. A Symposium Report. Tokyo 1994, S. 11-40.

CLARK, C.: The Conditions of Economic Progress, 1. Aufl. 1940, 3. Aufl. London 1957.

COURNOT, A.: Recherches sur les principes mathématiques de la théorie des richesses. Paris 1838.

CHAMBERLIN, E.H.: The Theory of Monopolistic Competition, a Reorientation of the Theory of Value. Cambridge, 1st ed. 1933, 8th ed. 1965.

COASE, R.H.: The Nature of the Firm. Economica, Vol. 16, 1937, S. 386 - 405.

CORDEN, W.M.: The Theory of International Trade. In: DUNNING, J.H. (ed.): Economic Analysis and the Multinational Enterprise. London 1974, S. 184- 210.

DINOPOULOS, E., OEHMKE, J.F., SEGERSTRÖM, P.: High-Technology Trade and Investment. Journal of International Economics, Vol. 34, 1993, S. 49-71.

DIECKHEUER, G.: Internationale Wirtschaftsbeziehungen. München 1990.

DIECKHEUER, G.: Die Bedeutung ausländischer Direktinvestitionen für Beschäftigung, Struktur, Wettbewerbsfähigkeit und Wachstum von Volkswirtschaften - dargestellt am Beispiel der Bundesrepublik Deutschland. In: SCHUMANN, J. (Hrsg.): Die Bedeutung der Eigentumsordnung für das Funktionieren einer Volkswirtschaft: Deutsch-polnische wirtschaftswissenschaftliche Studien (hrsg. v. St. LINEK und J. SCHUMANN), Band 9, Bad Honnef 1991, S. 114-142.

DIEKHEUER,G., LANGENFURTH, M., LUEB, TH.: Wirtschaftliche Integration in Asien und Europa: Die Rolle Japans und der Bundesrepublik Deutschland. Volkswirtschaftliche Diskussionsbeiträge. Nr. 220, Münster 1995.

DUNNING, J.H.: International Production and Multinational Enterprise. London, 1981.

DUNNING, J.H.: Multinational Enterprises and the Global Economy. 1994.

DUNNING, J.H.: The Eclectic Paradigm of International Production. A Restatement and Possible Extensions. Journal of International Business Studies, Vol. 30, 1988, S.1-25.

EHRENFELD, H.: Außenhandel, Direktinvestitionen und Lizenzen, Frankfurt/M., Bern, New York 1985.

EL-AGRAA, A.M. (ed.): The Economics of the European Community, 3rd ed., New York 1990.

ERNST, B., HILPERT, H.G.: Japans Direktinvestitionen in Europa - Europas Direktinvestitionen in Japan. Bestandsaufnahme und wirtschaftspolitische Empfehlungen. Ifo-Institut für Wirtschaftsforschung. Ifo-Studien zur Japanforschung, Bd. 4, München 1990.

ETHIER, W.J.: The Multinational Firm. Quarterly Journal of Economics Vol. 101, 1986, S. 805-833.

ETHIER, W.J.: Moderne Außenwirtschaftstheorie, München 1991.

FISCHER, B.: Globalization and the Competitiveness of Regional Blocs in Comparative Perspective. HWWA, Institut für Wirtschaftsforschung, Diskussionspapier 50, Hamburg 1980.

FISHER, A.G.B.: Production, Primary, Secondary, Tertiary. Economic Record 1939.

GABOR, B.M.: Die Anreize für ausländische Investoren. Vorzüge der Sonderwirtschaftszonen, in: FRANKFURTER ALLGEMEINE ZEITUNG Nr. 261 v. 10.11.1997, S. B 9 (Beilage Polen).

GRAHAM, E.M.: Oligopolistic Imitation and European Direct Investmaent in the United States. Harvard 1974.

GROSSMAN, G.M., HELPMAN, E.: Innovation and Growth in a Global Economy. Cambridge/Mass. 1991.

HARDIECK, T.: Führend unter den Vorreiterstaaten. Der Investitionsstandort Polen, in: FRANKFURTER ALLGEMEINE ZEITUNG Nr. 261 v. 10.11.1997, S. B 3 (Beilage Polen).

HEIDHUES, F.: Zur Theorie der internationalen Kapitalbewegungen. Eine kritische Untersuchung unter besonderer Berücksichtigung der Direktinvestitionen. Tübingen 1969.

HELPMAN, E.: International Trade in the Presence of Product Differentiation, Economies of Scale and Monopolistic Competition: A CHAMBERLIN-HECKSCHER-OHLIN Approach. Journal of International Economics Vol. 11, 1981.

HELPMAN, E., KRUGMAN, P.R.: Market Structure and Foreign Trade: Increasing Returns, Imperfect Competition, and the International Economy. Cambridge/Mass. 1985.

HENNART J.F.:The Transaction Cost Theory of the Multinational Enterprise. In: PITELIS, SUDGEN (eds.): The Nature of the Transnational Firm. London 1991.

HORSTMANN, I., MARKUSEN, J.R.: Firm-specific Assets and the Gains from Direct Foreign Investment. Economica Vol. 56, 19 , S. 41-48.

HORSTMANN, I., MARKUSEN, J.R.: Licensing versus Direct Investment. A Model of Internationalization by the Multinational Enterprise Canadian Journal of Economics. Vol. 20, 1987, S. 446-481.

HYMER, St. H.: The International Operations of National Firms. A Study of Direct Foreign Investment. 1960. 2. Aufl. Cambridge/Mass. 1977.

INTERNATIONAL MONETARY FUND: Exchange Rate Volatility and World Trade. Washington D.C. 1984.

IWD: Informationsdienst des Instituts der deutschen Wirtschaft, Jg. 22, Nr. 42, vom 17.10.1996.

IWD: Institut der deutschen Wirtschaft: Zahlen zur Entwicklung der Bundesrepublik Deutschland, Köln 1997.

JACQUEMIN, A.: International and Multinational Strategic Behavior. Kyklos, Vol. 42, 1989, S. 495-513.

JAHRREIß, W.: Zur Theorie der Direktinvestitionen im Ausland. Berlin 1984.

JESKE, J.: Weltgröße für eine größere Welt, FRANKFURTER ALLGEMEINE ZEITUNG vom 28.11.1997, S.1.

JOVANNOVIC, M.N.: International Economic Integration. London, New York 1992.

KAWAI, M., ZILCHA, I.: International Trade with Forward-Future Markets under Exchange Rate and Price Uncertainty. Journal of International Economics, Vol. 28, 1986, S. 83-98.

KINDLEBERGER, Ch.P.: The Monopolistic Theory of Direct Investment. In: MODELSKY, G. (Hrsg.): Transnational Corporations and World Order. San Francisco 1979, S. 91-107.

KNICKERBOCKER, F.T.: Oligopolistic Reaction and Multinational Enterprise. Boston 1973.

KRAINER, R. E.: Resource Endowment and the Structure of Foreign Investment. In: Journal of Finance 1967. 22. Jg., Heft 1, S. 49-57.

KRUGMAN, P.: Rethinking International Trade. Cambridge/Mass. 1990.

LUCAS, R.E. Jr.: On the Mechanics of Economic Development. Journal of Monetary Economics, Vol. 22, 1988, S. 3-42.

MARKUSEN, J.R.: Multinationals, Multiplant Economics, and the Gains from Trade. Journal of International Economics, Vol. 16, 1984, S. 205-226.

MEIßNER, H.G., GERBER, St.: Die Auslandinvestition als Entscheidungsproblem. Betriebswirtschaftliche Forschung und Praxis, 32.Jg., 1980, H.3, S.217-228.

MEYER, E.C., MÜLLER-SIEBERS, K.W., STRÖBELE, W.: Wachstumstheorie. 3. Aufl., München, Wien 1998.

OECD: International Direct Investment Statistics Yearbook 1997. Paris 1997.

OECD: Statistics on International Direct Investment of Dynamic Non-Member Economies in Asia and Latin America, Paris 1994.

PFAFFERMAYR, M.: Direktinvestitionen im Ausland. Die Determinanten der Direktinvestitionen im Ausland und ihre Wirkung auf den Außenhandel. Wirtschaftswissenschaftliche Beiträge. Bd. 121. Heidelberg 1996.

PLUM, M.: Auswirkungen von Direktinvestitionen in Empfängerländern. Bergisch-Gladbach, Köln 1995.

RAMSEY, F.: A Mathematical Theory of Savings. Economic Journal, Vol. 38, 1928.

RICHTER, R.: Das Konkurrenzproblem im Oligopol. Berlin 1954.

RKW: Rationalisierungskuratorium der deutschen Wirtschaft e.V.: Wirtschaftsführer Polen. Leipzig 1997.

ROMER, P.M.: Increasing Returns and Long-Run Growth. Journal of Political Economy, Vol. 98, 1986, S. 71-102.

ROSE, K., SAUERNHEIMER, K.H.: Theorie der Außenwirtschaft. 11. Aufl., München 1992.

RUFFIN, R.J.:International Factor Movements. In: JONES, R.W., KENEN, P.B. (eds.): Handbook of International Economics 1, 1984, S. 185-236.

RYBCZYNSKI, T.M.: Factor Endowment and Relative Commodity Prices. Economica N.S., Vol. 22, 1955, S. 336-341.

RYMARCZYK, Jan, RYMARCZYK, Jerzy: Die Rolle des Auslandskapitals in Polen. In: SCHUMANN, J. (Hrsg.): Die Bedeutung der Eigentumsordnung für das Funktionieren einer Volkswirtschaft. Deutsch-polnische wirtschaftswissenschaftliche Studien (hrsg. von St. LINEK und J. SCHUMANN), Band 9, Bad Honnef 1991, S. 108-113.

SACH, V.: Aufschwung mit stabilem Fundament. Achillesferse Leistungsbilanz. In: FRANKFURTER ALLGEMEINE ZEITUNG, Nr. 261 vom 10.11.1997, S. B 3, (Beilage Polen).

SAMUELSON, P.A.: International Factor Price Equalization Once Again. Economic Journal, Vol. 59, 1949, S. 181 ff.

SANDER, H.: Deep Integration, Shallow Regionalism, and Strategic Openness: Three Notes on Economic Integration in East Asia. In: LANG, F.P., OHR, R. (Hrsg.): International Economic Integration. Studies in Contemporary Economics. Heidelberg 1995, S. 211-243.

SCHUMANN, J.: Zur Theorie optimalen wirtschaftlichen Wachstums. Zeitschrift für die gesamte Staatswissenschaft, Bd. 125, 1969, S. 1- 6.

SCHUMANN, J.: Grundzüge der mikroökonomischen Theorie. 6. Aufl. Berlin, Heidelberg, New York 1992.

SCHUMANN, R.: Japanische Industriepolitik zur Exportförderung - ein Vorbild für Polen? (Japonska polityka przemyslowa sluzaca wspieraniu eksportu - przyklad dla Polski?) In: Otwarcie gospodarki polskiej. Szanse i zagrozenia dla transformacji systemowej. Wroclaw 1995, S. 98-116.

SCHUMANN, R.: Internationale Direktinvestitionen: Begriff, Bestimmungsgründe, Entwicklungstendenzen. (Bezposrednie inwestycje zagraniczne. Pojecie, podstawowe okreslenia, tendencje rozwojowe.) In: Internacjonalizacja gospodarki i przedsiebiorstwa. Wroclaw 1996, S. 1-18.

SCHULTE-MATTLER, H.: Direktinvestitionen: Gründe für das Entstehen von Multinationalen Unternehmungen. Frankfurt/M., New York, Paris 1988.

SCHULTZ, S.: Auslandsinvestitionen ostasiatischer Länder in Europa und in der Bundesrepublik Deutschland. DIW Deutsches Institut für Wirtschaftsforschung. Beiträge zur Strukturforschung, Heft 160, Berlin 1995.

SELTEN, R.: Oligopoltheorie. In: Handwörterbuch der Wirtschaftswissenschaft (HdWW), 5. Band, Stuttgart 1980, S. 667-678.

SIEBERT, H.: Außenwirtschaft. 6. Aufl., Stuttgart, Jena 1996.

SINGER, H.V.: The Distribution of Gains Between Investing and Borrowing Countries. American Economic Review. Papers and Proceedings. Vol. 40, 1950, S. 473-485.

SMITH, A.: Strategic Investment, Multinational Cooperations and Trade Policy. European Economic Review, Vol. 31, 1987, S. 89-96.

TEECE, D.: Multinational Enterprise, Internal Governance, and Industrial Organization. American Economic Review, Papers and Proceedings, Vol. 75, 1985, S.233-238.

TESCH, P.: Die Bestimmungsgründe des internationalen Handels und der Direktinvestition. Eine kritische Untersuchung der außenwirtschaftlichen Theorien und Ansatzpunkte einer standorttheoretischen Erklärung der leistungswirtschaftlichen Auslandsbeziehungen der Unternehmen. Berlin 1980.

UNCTAD: siehe UNITED NATIONS.

UNITED NATIONS: Transnational Corporations from Developing Countries. Impact on Their Home Countries. UNCTAD. New York 1993.

UNITED NATIONS: World Investment Report. Transnational Corporations and Integrated International Production. UNCTAD. Geneva 1993.

UNITED NATIONS: World Investment Report. Transnational Corporations, Employment and the Workplace. UNCTAD. New York, Geneva 1994.

UNITED NATIONS: Recent Developments in International Investment and Transnational Cooperations. UNCTAD. Geneva 1995.

VERNON, R.: The Location of Economic Activity. In: DUNNING, J:H. (ed.): Economic Analysis and the Multinational Enterprise. London 1974, S. 89-114.

VERNON, R.: The Product Cycle Model. In: MODELSKY, C. (ed.): Transnational Corporations and World Order. Readings in International Political Economony. San Francisco 1979, S. 108-117.

VERNON, R.: International Investment and International Trade in the Product Cycle. Quarterly Journal of Economics, 80. Jg., 1966, S. 190-207.

VOSGERAU, H.J.: Warum florieren Multis? In: GAHLEN, B., MEYER, B., SCHUMANN, J. (Hrsg.): Wirtschaftswachstum, Strukturwandel und dynamischer Wettbewerb. Ernst Helmstädter zum 65. Geburtstag. Berlin, Heidelberg, New York, 1989, S. 201-210.

WELLS, L.T. Jr.: The Product Life Cycle Approach. In: WELLS L.T. Jr. (ed.): The Product Life Cycle and International Trade. Boston 1972. S. 3-33.

WILLIAMSON, O.E.: The Economic Institutions of Capitalism. Firms, Markets, Relational Contracting. New York, London 1985.

WONG, K.: International Trade in Goods and Factor Mobility. Cambridge/ Mass. 1995.

ZENTES, J.: Ost-West Joint Ventures als strategische Allianzen, In: ZENTES, J. (Hrsg.): Ost-West Joint Ventures, Stuttgart 1992.

Kolibri 360 GmbH
Ferdinand-Jühlke-Straße 7
99095 Erfurt, Deutschland
produktsicherheit@kolibri360.de

Druck:
CPI Druckdienstleistungen GmbH
im Auftrag der
Kolibri 360 GmbH
Ferdinand-Jühlke-Str. 7
99095 Erfurt